Pam,
Pwy,
Pryd,
Ble?

Pam, *Pwy,* Pryd, Ble?

Tomos Morse

Gomer

Cyhoeddwyd yn 2011 gan
Wasg Gomer, Llandysul, Ceredigion SA44 4JL

ISBN 978-1-84851-182-8

Dymuna'r cyhoeddwyr gydnabod cymorth
Cyngor Llyfrau Cymru.

Argraffwyd a rhwymwyd yng Nghymru gan
Wasg Gomer, Llandysul, Ceredigion.

Hoffwn ddiolch i Elinor Wyn Reynolds am roi'r cyfle i mi greu rhywbeth o'r holl ffeithiau a gesglais yn fy mhen dros y blynyddoedd, ac i'r golygydd Dafydd Saer am ei holl waith a'i gyngor yn ystod y broses. Diolch i Gwerfyl fy ngwraig, a'r plant Aneurin, Gwenllian a Bleddyn am fod mor oddefgar ac am roi llonydd i mi wrth y cyfrifiadur, a diolch hefyd i Mam a Dad am roi'r punnoedd i mi gael prynu'r llyfr gwerthfawr hwnnw, *Quinlan's Illustrated Directory of Film Stars*, nôl yn haf 1981.

Rhagair

Pan oeddwn yn blentyn, ble bynnag y byddwn yn casglu arian tuag at y *poppies* gyda Tad-cu, yn siarad ag ymwelwyr, neu'n sefyll y tu allan i'r capel yn sgwrsio wedi oedfa – byddai'r ymgom ganlynol yn cael ei hailadrodd dro ar ôl tro:

'Tomos – beth yw dyddiadau geni a marw John Wayne, ac o beth buodd e farw?'

'1907 tan 1979. Cancr y stumog.'

'Beth am Clark Gable?'

'1901 tan 1960, ac fe gafodd e drawiad anferth ar ôl ffilmio *The Misfits*.'

Fe glywech bobl yn dweud: 'Taflwch enw unrhyw actor at Tomos ac fe all roi ei ddyddiadau geni a marw i chi!'

Gallwn restru manylion y cwbl – Marilyn Monroe, Richard Burton, Bette Davis, Spencer Tracy, Montgomery Clift, Betty Grable, ac yn y blaen. Dyna oedd fy *party piece*, ac mae pethau wedi parhau felly dros y blynyddoedd.

Trwy ddamwain y daeth cyfle i ddwyn fy nawn at sylw'r cyhoedd. Roeddwn yn bresennol yn lansiad y llyfr *Hugh Griffith* gan Hywel Gwynfryn, ac roedd Elinor Wyn Reynolds o Wasg Gomer yno hefyd, a digwyddodd hithau glywed fy chwaer yn fy herio â'r un hen gwestiynau:

'Beth yw dyddiadau Joyce Grenfell?'

'1910-1979, a bu farw o gancr.'

Aeth Elinor adref i wirio'r wybodaeth ar y we! Cysylltodd â mi ymhen rhai dyddiau a gofyn a fyddai gen i ddiddordeb mewn ysgrifennu llyfr cwis – mae'r ateb i'r cwestiwn hwnnw yn eich dwylo!

Dechreuodd fy niddordeb mewn ffeithiau pan oeddwn yn chwech oed, ar ôl prynu *Quinlan's Illustrated Directory of Film Stars* yn siop lyfrau Lear's yng Nghaerdydd yn 1981. Roedd rhywbeth am fformat y llyfr wedi cydio ynof: lluniau'r actorion, eu henwau llwyfan, eu henwau go iawn, y dyddiadau, y bywgraffiadau, a'r rhestrau manwl o'u ffilmiau. Byddwn yn pori drwy'r llyfr bob munud a phob awr o'r dydd pe cawn gyfle. Byddwn yn ei ddarllen yn y car, ac yn gwneud darluniau gwael o'r wynebau yn y gyfrol. Byddwn yn llunio fy rhestri fy hun: actorion o Gymru, actorion o'r Alban, actorion o Iwerddon, actorion â mwstashys, actorion â sbectol, ac yn y blaen. O dipyn i beth, dechreuodd y ffeithiau lynu yn fy nghof, ac wrth brynu mwy o lyfrau ffilm, deuthum i roi ychydig bach mwy o gig ar y ffeithiau.

Nid sêr y ffilmiau oedd diwedd fy niddordeb chwaith, dyma fentro i fyd y bêl hirgron a'r bêl gron – ac ymhellach i fyd gwleidyddiaeth a hanes pan brynais *Who's Who* 1985 yn anrheg pen-blwydd i mi fy hun, a'r gyfres *Pwy yw Pwy* a gyhoeddwyd gan Wasg Gomer yn yr 1980au. Roeddwn am wybod mwy am wynebau cyhoeddus Cymru: yr Arglwydd Cledwyn, Grav, Norah Isaac, Megan Lloyd George, Arwel Hughes, J. Selwyn Lloyd, ac yn y blaen.

Roedd gan Mam-gu lyfrgell sylweddol yn ei chartref yn Llangeitho. Arferai brynu pob llyfr Cymraeg a gyhoeddid, a byddai'n gofyn i fi drefnu'r casgliad yn ôl cyfenw'r awdur. O ganlyniad, deuthum yn gyfarwydd ag awduron Cymraeg o'r pedwar degau hyd y naw degau. Mae diddordeb Mam-gu a Mam mewn hel achau hefyd wedi ei drosglwyddo i fi rywsut.

Mi fyddai'n braf petawn i wedi gallu manteisio ar y diddordeb mewn ffeithiau ar gyfer gyrfa academaidd, ond yn anffodus nid felly y bu.

Fodd bynnag, bydd y wybodaeth dwi wedi'i chasglu ar hyd y blynyddoedd yn fy helpu'n aml yn fy swydd bresennol fel cynhyrchydd gyda Radio Cymru. Mae rhai pobl yn ei ystyried yn ddiddordeb od a henffasiwn: ond i mi, mae rhywbeth cynhenid Gymreig yn perthyn iddo – y diddordeb busneslyd o wybod mwy am bobl a ffeithiau. Ac wrth fy ngwely o hyd, mae'r copi diweddaraf o *Quinlan's Illustrated Directory of Film Stars*.

Mwynhewch y dyfalu, y crafu pen, y cystadlu, a'r herio – Pam? Pwy? Pryd? Ble?

Pob hwyl arni!

Tomos

CYNNWYS

40 CWIS
CYFFREDINOL

1. Beth yw'r ail fynydd ucha' yn y byd?

2. Ym mha faes awyr y lladdwyd wyth o'r Busby Babes a 15 person arall ar Chwefror y 6ed 1958?

3. Pwy yw awdur *Wild Wales*?

4. Beth yw'r seren agosaf i'r ddaear?

5. Fel pa seren yr ydyn ni'n adnabod Marion Robert Morrison?

6. Beth yw *reblochon*?

7. Pwy oedd cyfansoddwr y dôn 'We'll Keep a Welcome'? Joseph Parry, Mai Jones, neu Ivor Novello?

8. Ymhle y ganwyd Laura Ashley?

9. Ym mha dalaith yn yr Unol Daleithiau mae Bala Cynwyd?

10. Pwy oedd y Dr Who cyntaf?

11. O ba wlad y daw *chorizo*?

12. Pwy fu'n briod ag Adolf Hitler am lai na 40 awr?

13. Pwy oedd y llais cyntaf a glywyd ar Radio Cymru ar Ionawr y 3ydd 1977?

14. Pwy daflodd ddwrn at Craig Evans yn 2001?

15. Pa Gymro enillodd Bencampwriaeth Snwcer y Byd chwe gwaith yn ystod y saith degau?

16. Ym mha ddinas y claddwyd Adelina Patti?

17. Geiriau cyntaf pa nofel yw 'Plentyn llwyn a pherth oedd…'?

18. Prifddinas pa wlad yw Vientiane?

19. Ym mha gastell yng Nghymru y ganed Gerallt Gymro?

20. Pa sefydliad a gychwynnwyd gan Bill Wilson a Bob Smith yn Akron, Ohio yn 1935?

21. Pa brif weinidog arferai ddod i Ystum Taf (Llandaff North) i ymweld â'i feistres?

22. Beth yw'r emyn-dôn a glywir ar ddechrau'r ffilm *The African Queen* gyda Humphrey Bogart a Katharine Hepburn?

23. Pwy greodd Superted?

24. Ym mha flwyddyn bu farw George Harrison?

25. Beth yw enw'r afon sy'n llifo trwy Amsterdam?

Atebion Cwis 1

1. K2
2. Munich
3. George Borrow
4. Yr haul
5. John Wayne
6. Math o gaws
7. Mai Jones
8. Dowlais
9. Pennsylfania
10. William Hartnell
11. Sbaen
12. Eva Braun
13. Robin Jones
14. John Prescott
15. Ray Reardon
16. Paris
17. *Enoc Huws*
18. Laos
19. Castell Maenorbŷr
20. Alcoholics Anonymous
21. Benjamin Disraeli
22. Cwm Rhondda
23. Mike Young
24. 2001
25. Amstel

1. Pa grŵp o Loegr a ganodd am 'Rhiannon'?
   a. The Kinks
   b. Fleetwood Mac
   c. Thunderclap Newman

2. Am beth y cofir Barnes Wallis yn bennaf?

3. Pwy yw'r unig chwaraewr rygbi o Gymru i sgorio 4 cais mewn un gêm?

4. Pa sant yn ôl y sôn oedd yn dod o Fanwen, uwchlaw Glyn-nedd?

5. Beth yw *ghee*?

6. Ym mha wlad y dyfeisiwyd snwcer?

7. Pwy yw awdur y llyfr *Un Ddinas, Dau Fyd*?

8. Beth oedd enw'r unig actor o Gymru yn y ffilm *How Green Was My Valley*?

9. Pa actor o Gymru oedd yn chwarae rhan Jones yn y gyfres deledu *Minder*?

10. Am beth y cofir Robert Recorde o Ddinbych-y-pysgod?

11. Yn arian heddiw, beth fyddai gwerth darn coron?

12. Pa fath o ddiod gadarn sydd mewn Harvey Wallbanger?

13. Ym mha wlad mae La Paz, y ddinas ucha yn y byd?

14. Pa fath o flodyn yw'r 'Bishop of Llandaff'?

15. Beth oedd enw'r actor oedd yn chwarae rhan Joni Jones?

16. Pwy greodd y cymeriadau Tomos a Marged?

17. Beth oedd yn unigryw am yr hyn a wnaeth Harold Lowe ar y 14eg Ebrill 1912?

18. Beth yw enw'r stryd yn Lerpwl lle ganwyd Ringo Starr yn 1940?

19. Ym mha ddegawd bu farw'r tenor o Gymru, David Lloyd?

20. Beth yw'r unig neidr wenwynig ar ynysoedd Prydain?

21. Beth yw'r ynys fwyaf yn y byd o ran arwynebedd?

22. Pwy ganodd am Sunshine Dan?

23. Pa denor a ddaeth yn fyd-enwog, fu'n aelod o'r Corale Rossini, ac a ganodd yn Eisteddfod Ryngwladol Llangollen yn 1955?

24. Beth yw'r Pidyn Drewllyd?

25. Beth yw enw'r gyrrwr Fformiwla 1 o Ruthun a fu farw yn Grand Prix De Affrica yn 1977?

Atebion Cwis 2

1. Fleetwood Mac
2. Dyfeisiodd y *bouncing bomb*
3. Maurice Richards yn erbyn Lloegr yn 1969
4. Sant Padrig
5. Menyn Indiaidd
6. India
7. Llwyd Owen
8. Rhys Williams, oedd yn chwarae rhan Dai Bando
9. Meic Povey
10. Dyfeisiodd yr hafalnod (=)
11. 25 ceiniog
12. Fodca
13. Bolifia
14. Dahlia
15. Richard Love
16. Y Parch. W. J. Gruffydd
17. Mynd nôl i achub pobl o'r Titanic
18. Madryn Street
19. Y chwe degau
20. Gwiber
21. Grønland neu Greenland
22. Mim Twm Llai
23. Luciano Pavarotti
24. Math o fadarchen *(fungus)*
25. Tom Pryce

1. Â pha wlad y cysylltir y bwyd *moussaka*?

2. Beth oedd enw'r car a grëwyd gan Giles Smith a Bernard Friese yng Ngartholwg ger Pontypridd yn 1959?

3. Pa bapur newydd a sefydlwyd gan Thomas Gee yn 1857?

4. Pa awdur o dras Gymreig a ysgrifennodd y nofel *A High Wind in Jamaica*?

5. Beth yw *mouton*?

6. Beth yw enw prifddinas Haiti?

7. Pwy yw'r Toffeemen?

8. Pa benderfyniad gwleidyddol arloesol a wnaethpwyd yn Seland Newydd yn 1893?

9. Pa gân oedd rhif un cyntaf Tom Jones yn y siartiau Prydeinig? 'The Green, Green Grass of Home', 'What's New Pussycat?' neu 'It's Not Unusual'?

10. Beth yw'r castell mwya' ym Mhrydain?

11. Ym mha flwyddyn y dechreuodd y gyfres radio *Beti a'i Phobol*?

12. Ble yng Nghymru y ffilmiwyd llawer o'r ffilm *First Knight* yn 1995 gyda Richard Gere a Sean Connery?

13. Yn ôl y sôn, beth sydd wedi ei gladdu y tu ôl i Westy'r Talbot yn Nhregaron?

14. Beth oedd enw'r rheolwr a arweiniodd Gymru i rowndiau cynderfynol Cwpan Pêl-droed y Byd yn 1958?

15. Beth oedd enw'r newyddiadurwr o Dde Affrica a fu'n gweithio am gyfnod gyda'r *Western Mail* yng Nghaerdydd, ac a ysgrifennodd *Cry Freedom*, llyfr wedi ei seilio ar fywyd y gweithiwr gwrth-apartheid Steve Biko?

16. Beth oedd enw cymeriad yr actor Dyfed Thomas yn y gyfres *Siop Siafins*?

17. Pwy oedd y tywysog Seisnig cyntaf i ddal y teitl Tywysog Cymru? Offa, Edward II, neu Harri VII?

18. Sawl munud sydd mewn wythnos?

19. Beth oedd enw mab cynta'r Beckhams? Bronx, Brooklyn, neu Manhattan?

20. Pwy a anwyd yn Reginald Truscott Jones yn 1905 yng Nghimla ger Castell-nedd?

21. Pwy ymladdodd yn y 'Rumble in the Jungle'?

22. Pwy oedd prifathrawes gyntaf Ysgol Gynradd Gymraeg Aberystwyth?

23. Pa dîm enillodd Gwpan Pêl-droed y Byd yn 1990?

24. Beth oedd enw iawn Iolo Morganwg?

25. Beth yw enw prifddinas Gwlad yr Iâ?

Atebion Cwis 3

1. Groeg	9. 'It's Not Unusual'	18. 10,080
2. Gilbern	10. Castell Windsor	19. Brooklyn
3. *Baner Cymru*	11. 1984	20. Ray Milland
4. Richard Hughes	12. Trawsfynydd	21. Muhammad Ali a George Foreman
5. Dafad yn Ffrangeg	13. Eliffant	22. Norah Isaac
6. Port au Prince	14. Jimmy Murphy	23. Gorllewin yr Almaen
7. Tîm pêl-droed Everton	15. Donald Woods	24. Edward Williams
8. Dyma'r wlad gyntaf i roi'r bleidlais i ferched	16. Brian neu 'Bfian' Lloyd Jones	25. Reykjavik
	17. Edward II	

1. Beth yw ystyr *papillon*?

2. Beth oedd enw albwm cyntaf y tenor o Gaerfyrddin, Wynne Evans?

3. Pwy oedd awdur y nofel *William Jones*?

4. Pa un o gyn-arlywyddion yr Unol Daleithiau fu'n pysgota yng Nghymru yn 1987?

5. O dan ba enw y daeth Archibald Leach yn fwy enwog?

6. I ba deulu o blanhigion y mae garlleg yn perthyn?

7. Ym mha flwyddyn y ganed Hywel Gwynfryn, Harrison Ford, Meic Stevens a Huw Ceredig?

8. Â pha dref yn yr Almaen mae Caerdydd wedi ei gefeillio?
   a. Stuttgart
   b. Berlin
   c. Cologne

9. Ymhle mae'r Capel Rownd?

10. Pwy enillodd y Fedal Ryddiaith yn 1995 gyda'r nofel *Y Dylluan Wen*?

11. Beth oedd enw gôl-geidwad Arsenal yn rownd derfynol Cwpan yr FA yn 1927 pan enillodd Dinas Caerdydd 1-0?

12. Fel pwy ry'n ni'n nabod David Howell Evans, a anwyd yn Lloegr yn 1961 i rieni o Gymru ac a fagwyd yn Iwerddon?

13. Beth oedd enw'r cylchgrawn Cymraeg i ferched a gafodd ei lansio yn 1978?

14. Pa brifardd ac awdur fu'n newyddiadurwr gyda'r *News Chronicle* a'r *Daily Telegraph*?

15. Beth yw enw'r cymeriad doniol a grëwyd gan Wil Sam ac a bortreadwyd gan Stewart Jones?

16. Pwy oedd prif weinidog Llafur cyntaf Prydain?

17. Beth oedd yr enw ar Harare, prifddinas Zimbabwe, cyn 1982?

18. Pwy adeiladodd Gastell Caerffili?
    a. Gilbert de Clare
    b. Robert Fitzhamon
    c. Ifor Bach

19. Ym mha dalaith yn yr Unol Daleithiau y dechreuwyd gwneud chwisgi Jack Daniel?

20. Pa rif oedd Patrick McGoohan yn y gyfres deledu *The Prisoner*?

21. Pwy ymladdodd yn y 'Thrilla in Manila' yn erbyn Muhammad Ali?

22. Pwy oedd awdur y gerdd 'Ywen Llanddeiniolen'?

23. Ym mha ddegawd o'r ugeinfed ganrif bu farw Syr Ifan ab Owen Edwards?

24. Pwy oedd awdur y llyfr *Corn, Pistol a Chwip*?

25. Sawl cap rygbi enillodd Ray Gravell dros Gymru?

Atebion Cwis 4

1. Iâr fach yr haf
2. *A Song in My Heart*
3. T. Rowland Hughes
4. Jimmy Carter
5. Cary Grant
6. Teulu'r winwnsyn neu nionyn (*allium*)
7. 1942
8. Stuttgart
9. Margam (mae dweud Port Talbot yn dderbyniol)
10. Angharad Jones
11. Dan Lewis. Roedd yn Gymro.
12. The Edge
13. *Pais*
14. Caradog Prichard
15. Ifas y Tryc
16. Ramsay MacDonald
17. Salisbury
18. Gilbert de Clare
19. Tennessee
20. Number Six
21. Joe Frazier
22. W. J. Gruffydd
23. Y saith degau
24. T. Llew Jones
25. 23 cap

Cwis 5

1. Beth yw'r symbol ar gyfer copor yn y Tabl Cyfnodol?

2. Pwy 'sgrifennodd eiriau'r emyn 'Calon Lân'?

3. Â phwy y bu'r actores Siân Phillips yn briod rhwng 1960 ac 1980?

4. Pwy oedd yn wynebu Terry Griffiths pan enillodd rownd derfynol Pencampwriaeth Snwcer y Byd yn 1979?

5. O ba wlad y daw'r gwin Rioja?

6. Ym mha flwyddyn y ganwyd Dafydd Iwan, Robert De Niro, John Major a Dafydd Wigley?

7. I ba ysgol yn Sir Fôn yr aeth cyn-hyfforddwr rygbi Lloegr – Clive Woodward, a chyn arweinydd y Ceidwadwyr, Iain Duncan Smith?

8. Pwy ysgrifennodd y nofel *Lord of the Flies*?

9. Hyd at 2010, sawl gwlad sydd wedi ennill Cwpan Pêl-droed y Byd er 1930?

10. Ym mha wlad oedd y Khmer Rouge yn gweithredu?

11. Beth oedd enw Ysgrifennydd Gwladol cyntaf Cymru?

12. Pwy oedd y *District Nurse*?

13. Beth oedd enw'r unben Comiwnyddol a reolai Iwgoslafia rhwng 1953 ac 1980?

14. Pwy gyfansoddodd y 'Ffantasia ar Alawon Hwiangerddi Cymreig' yn 1940?

15. Pwy oedd yr actor cyntaf o Gymru i ennill Oscar?

16. Ar ôl pa Gymro yr enwyd mynydd ucha'r byd?

17. Pwy oedd awdur cyfres lyfrau *Y Llewod*?

18. Oddi ar arfordir pa wlad mae'r llosgfynydd Krakatoa?

19. Fel pa uned cerddorol yr adnabyddwyd Meredydd Evans, Robin Williams a Cledwyn Jones?

20. Beth yw enw prifddinas Pacistan?

21. Fel pa awdur i blant roedd Georges Remi yn fwy enwog?

22. Pa reolwr pêl-droed fu farw mewn gêm rhwng yr Alban a Chymru nôl yn 1985?

23. Beth yw *frittata*? Math o saws, sglodion neu omled?

24. Beth yw'r gair am gaer neu amddiffynfa yn Rwsieg?

25. Pwy oedd awdur y nofel *Yr Ergyd Farwol*?
    a. Idwal Jones
    b. T. Llew Jones
    c. Llion Iwan

Atebion Cwis 5

1. Cu
2. Daniel James neu Gwyrosydd
3. Peter O'Toole
4. Dennis Taylor
5. Sbaen
6. 1943
7. HMS *Conway*
8. William Golding
9. Wyth, sef Brazil, Gorllewin yr Almaen, Uruguay, Ariannin, Ffrainc, Lloegr, Eidal a Sbaen
10. Cambodia
11. Jim Griffiths
12. Nerys Hughes
13. Marsial Tito
14. Grace Williams
15. Ray Milland
16. George Everest
17. Dafydd Parri
18. Indonesia
19. Triawd y Coleg
20. Islamabad
21. Hergé (awdur straeon Tintin)
22. Jock Stein
23. Math o omled
24. Kremlin
25. T. Llew Jones

1. Pwy oedd cyfansoddwr y dôn 'Cwm Rhondda'?

2. Ymhle y ganwyd yr actor Syr Stanley Baker?

3. Beth yw'r symbol ar gyfer arian yn y Tabl Cyfnodol?

4. Â pha wlad y cysylltir y bwyd *goulash*?

5. Pwy oedd Aelod Seneddol Ceredigion rhwng 1966 ac 1974?

6. Pwy oedd enillwyr cyntaf Cwpan Pêl-droed y Byd yn 1930?

7. Ym mha flwyddyn y dechreuodd y Gwasanaeth Iechyd Gwladol?

8. Beth oedd enw curadur cyntaf Amgueddfa Werin Cymru yn Sain Ffagan?

9. Beth sy'n cysylltu'r gantores Katherine Jenkins, Y Gnoll a'r cyfarwyddwr theatr Michael Bogdanov?

10. Pa ganwr Cymraeg ganodd am Victor Parker?

11. Cyn David Cameron, pwy oedd Prif Weinidog ifancaf Prydain?

12. Yn y flwyddyn 1945, pa ddinasoedd yn Siapan a fomiwyd ar Awst y 6ed a'r 9fed?

13. Ble cafodd Aneurin Bevan ei eni?

14. Beth oedd enw'r Cymro a enillodd dair medal aur Olympaidd yn y gystadleuaeth polo dŵr i ddynion ac un fedal aur am nofio 200 metr rhwng 1908 ac 1920?

15. Beth yw'r dalaith fwya' yn yr Unol Daleithiau?
    a. Texas
    b. Alaska
    c. Califfornia

16. Ble cafodd yr actor Christian Bale ei eni?

17. Pwy ysgrifennodd 'Y Gododdin'?

18. Ar ba ynys Roegaidd y ganwyd y Tywysog Philip?

19. Ym mha Gêmau Olympaidd yr enillodd Lynn Davies y fedal aur am y naid hir?

20. Wrth ba enw yr oedd yr awdur Eric Arthur Blair yn fwy adnabyddus?

21. Beth yw enw llyn dyfnaf a hynaf y byd?

22. O ba ddinas y lansiwyd y *Titanic*?

23. Beth oedd enw cymeriad yr actor a'r comedïwr Rob Brydon yn y gyfres *Gavin and Stacey*?

24. Beth oedd enw'r grŵp pop o'r chwe degau a gafodd lwyddiant gyda'r caneuon 'Bend Me, Shape Me' a '(If Paradise was) Half As Nice'?

25. Pwy oedd awdur *Rape of the Fair Country*?

Atebion Cwis 6

1. John Hughes
2. Ferndale neu Lyn Rhedynog, Y Rhondda Fach
3. Ag
4. Hwngari
5. Elystan Morgan
6. Uruguay
7. 1948
8. Iorwerth C. Peate
9. Castell-nedd
10. Meic Stevens
11. William Pitt yr Ieuengaf yn 24 oed
12. Hiroshima a Nagasaki
13. Tredegar
14. Paulo Radmilovic
15. Alaska
16. Hwlffordd
17. Aneirin
18. Corfu
19. Tokyo, 1964
20. George Orwell
21. Llyn Baikal yn Siberia
22. Belffast
23. Uncle Bryn
24. Amen Corner
25. Alexander Cordell

1. Beth yw enw'r dalaith sy'n cael ei hadnabod fel y *Buckeye State*?

2. Pwy oedd cyfansoddwr *West Side Story*?

3. Pwy oedd yn actio rhan David Tushingham yn *Pobol y Cwm*?

4. Pa wleidydd fu'n Brif Weinidog bedair gwaith?

5. Pwy oedd awdures y gyfres lyfrau *Criw Crawiau*?

6. Beth yw ystyr y gair *fondue*?

7. Pwy oedd Ronnie Drew, Luke Kelly, Ciaran Bourke a Barney McKenna?
   a. Gang yr efeilliaid Kray
   b. Grŵp y Dubliners
   c. Arweinwyr Gwrthryfel y Pasg

8. Pwy ffurfiodd Bois y Frenni nôl yn 1940?

9. Beth sy'n cysylltu'r chwaraewr rygbi Stephen Jones, yr actor Roger Rees, BB Aled, a Charles Bronson, y carcharor mwya' treisgar ym Mhrydain?

10. Pwy gafodd wared ar lawer o reilffyrdd drwy Brydain yn ystod y chwe degau?

11. Pwy oedd awdur y llyfr *The Catcher in the Rye*?

12. O ba wlad y daw'r ddiod absinthe yn wreiddiol?

13. Beth oedd enw'r actores oedd yn chwarae rhan Doris yn y gyfres gomedi *Gavin and Stacey*?

14. Tref ym mha wlad yw Timbuktu?

15. Pwy saethodd John Lennon?

16. Pa ffigwr Almaenig fuodd yn garcharor rhyfel yn y Fenni yn ystod yr Ail Ryfel Byd?

17. Beth yw enw papur bro ardal Caerdydd?

18. Pa seren o'r ffilm *Some Like It Hot* a ymddangosodd yng Ngŵyl y Gelli yn 2008?
    a. Marilyn Monroe
    b. Tony Curtis
    c. Jack Lemmon

19. Ym mha gastell yng Nghymru y ganed Harri Tudur?

20. Pa gân sy'n cynnwys y geiriau 'Pan ddaw lleisiau'r nos i 'mhoeni / A sibrwd gwag y gwynt i'm hoeri'?

21. Beth ddyfeisiodd Thomas Crapper?

22. Ym mha dalaith yn yr Unol Daleithiau mae Chicago?

23. Pwy sy'n chwarae ar barc Eugene Cross?

24. Pa ysgol oedd yr ysgol gyfun Gymraeg gyntaf yng Nghymru?

25. Pwy ysgrifennodd y Maniffesto Comiwnyddol ar y cyd â Friedrich Engels?

Atebion Cwis 7

1. Ohio
2. Leonard Bernstein
3. Islwyn Morris
4. William Gladstone
5. Emily Huws
6. Wedi ei doddi
7. Grŵp y Dubliners
8. W. R. Evans
9. Aberystwyth – cawson nhw eu geni yno bob un
10. Richard Beeching
11. J. D. Salinger
12. Y Swistir
13. Margaret John
14. Mali
15. Mark David Chapman
16. Rudolf Hess
17. *Y Dinesydd*
18. Tony Curtis
19. Castell Penfro
20. 'Ysbryd y Nos'
21. Y *floating ballcock*, sy'n rhan o fecanwaith tanc dŵr tŷ bach
22. Illinois
23. Tîm rygbi a chriced Glynebwy
24. Ysgol Gyfun Glan Clwyd (1956)
25. Karl Marx

Cwis 8

1. Pwy oedd y 'Welsh Windbag'?

2. Am ei berfformiad ym mha ffilm yr enillodd Hugh Griffith ei Oscar yn 1959?

3. Pwy oedd awdur y gerdd 'Pwll Deri'?

4. Sawl gwaith enillodd Martina Navratilova senglau'r merched yn Wimbledon?

5. Beth oedd blwyddyn geni Ieuan Wyn Jones, Richard Gere, a Dyfed Thomas?

6. Beth oedd enw'r llong a suddwyd yn Harbwr Hong Kong yn 1972?

7. Pwy oedd arweinydd Côr Meibion Pendyrus o 1962 tan iddo farw yn 2000?

8. Â pha wlad y cysylltir y bwyd *stifado*?

9. Beth oedd enw'r teulu o feirdd, ffermwyr a morwyr o ardal Cwmtudu?

10. Beth yw'r blodyn sydd yn logo i Blaid Cymru?

11. Pwy oedd Cefin Roberts, Gwyn Vaughan, Rhian Roberts ac Ann Lloyd?

12. Ym mha flwyddyn y curodd y bocsiwr Joe Louis y Cymro o Donypandy, Tommy Farr yn Madison Square Gardens yn Efrog Newydd?

13. Pwy oedd yn chwarae rhan Ephraim yn y gyfres *Fo a Fe*?

14. Pwy oedd capten tîm rygbi Cymru pan enillon nhw yn erbyn Seland Newydd nôl yn 1953?

15. Ym mha wlad mae dinas Alexandria?

16. Beth oedd gwaith yr actor Harrison Ford cyn iddo fynd yn actor?
    a. Athro Ffiseg
    b. Saer coed
    c. Newyddiadurwr

17. Beth yw enw'r dôn a gyfansoddwyd gan Eddie Evans, ar gyfer emyn W. Rhys Nicholas 'Tydi a wnaeth y wyrth, O Grist, Fab Duw'?

18. Beth oedd enw Efrog Newydd cyn 1664?

19. Yn ôl y sôn, ar ôl pwy yr enwyd Big Ben?

20. Pa actor enwog, a arferai bortreadu ditectif teledu enwog, a ymddangosodd yng Ngŵyl y Gelli yn 2007?

21. O ba fynyddoedd y tybir y daw'r cerrig glas sydd yn fwy adnabyddus fel Côr y Cewri?

22. Ym mha dalaith y bu farw John F. Kennedy?

23. Pwy sy'n chwarae ar Barc Sardis?

24. Pa ddiod a ddyfeisiwyd gan John Pemberton?
    a. Siocled poeth
    b. Coca Cola
    c. Seven Up

25. Pa rif ar fwrdd dartiau yw'r pella' o'r to?

Atebion Cwis 8

1. Neil Kinnock
2. *Ben Hur*
3. Dewi Emrys
4. Naw gwaith
5. 1949
6. RMS *Queen Elizabeth*
7. Glynne Jones
8. Groeg
9. Teulu'r Cilie
10. Pabi Cymreig
11. Y grŵp Hapnod
12. 1937
13. Guto Roberts
14. Bleddyn Williams
15. Yr Aifft
16. Saer coed
17. Pantyfedwen
18. New Amsterdam
19. Benjamin Hall, Barwn Cyntaf Llanofer
20. Peter Falk
21. Preseli
22. Texas
23. Tîm rygbi Pontypridd
24. Coca Cola
25. Tri

1. Mewn mytholeg Roegaidd, beth yw enw'r dduwies sy'n cynrychioli buddugoliaeth?

2. Beth yw enw llyfr sanctaidd y Bwdistiaid?

3. Beth yw'r bont hiraf ym Mhrydain?

4. Oddi ar arfordir pa dref yng Nghymru y ffilmiwyd *Moby Dick* yn 1956?

5. Ym mha dalaith yn yr Unol Daleithiau mae Prifysgol Harvard?

6. Ers tymor 1992-93, ar wahân i Chelsea, Arsenal a Manchester United, pa dîm yw'r unig un i ennill Pencampwriaeth y Premiership?

7. Pa gyn-arweinydd i'r Ceidwadwyr gafodd ei eni yng Ngorseinon yn 1941?

8. Cyn Mai 2011, pryd oedd y tro diwethaf i rywun o'r Teulu Brenhinol ymweld yn swyddogol â Gweriniaeth Iwerddon?

9. Pwy ysgrifennodd y dramâu *Song from a Forgotten City* a *Flowers of the Dead Red Sea*?

10. Pa Aelod Seneddol ag etholaeth yng Nghymru ddaeth yn Brif Weinidog yn 1976?

11. Beth yw'r ddinas fwya' yn y byd o ran poblogaeth?
    a. Beijing
    b. Buenos Aires
    c. Shanghai

12. Pwy oedd Arlywydd yr Undeb Sofietaidd cyn Mikhail Gorbachev?

13. Pa gân sy'n cynnwys y geiriau canlynol: 'Ti a mi yn y ddawns yn colli ein synhwyrau, / Ti a mi yng nghanol sŵn y gân a'r goleuadau'?

14. Pa seren ffilm enwog fu'n aros yng Ngwesty Fairyhill ym Mhenrhyn Gŵyr yn 2005 adeg priodas ei ferch i syrffiwr o Abertawe?

15. Pa derfysg enwog a ddigwyddodd yn ne Cymru yn 1910-11?

16. Beth yw enw'r pentre' yng Nghernyw a ddioddefodd lifogydd trwm yn haf 2004?

17. Yn draddodiadol llaeth pa anifail a ddefnyddir i wneud caws *mozzarella*?
    a. Gafr
    b. Byffalo
    c. Dafad

18. Prifddinas pa wlad yw Bogotá?

19. Pa dref sydd fwya' i'r dwyrain, Bae Colwyn neu Abergele?

20. Pwy gynlluniodd Pont Britannia?

21. Beth yw'r llinell 'Lansker'?

22. Fel pwy yr oedd William Joyce yn fwy adnabyddus?

23. Pwy oedd prif gyflwynydd *Yr Awr Fawr*?
    a. Malcolm 'Slim' Williams
    b. Emyr Wyn
    c. Iestyn Garlick

24. Pwy oedd rheolwr tîm pêl-droed Caerdydd cyn Dave Jones?

25. Pwy ysgrifennodd y nofel *Wythnos yng Nghymru Fydd*?

Atebion Cwis 9

1. Nike
2. Tripitaka
3. Pont Humber
4. Abergwaun
5. Massachusetts
6. Blackburn
7. Michael Howard
8. 1911
9. Ed Thomas
10. James Callaghan
11. Shanghai, gyda 17 miliwn o drigolion
12. Konstantin Chernenko
13. 'Calon' gan Caryl Parry Jones
14. Paul Newman
15. Terfysg Tonypandy
16. Boscastle
17. Byffalo
18. Colombia
19. Abergele
20. Robert Stephenson
21. Ffin ieithyddol sy'n rhannu gogledd a de Sir Benfro
22. Lord Haw-Haw
23. Emyr Wyn
24. Lennie Lawrence
25. Islwyn Ffowc Elis

1. Mewn mytholeg Rufeinig, pwy yw duw rhyfel?

2. Ar gefn pa geffyl wnaeth Carl Llewellyn ennill y Grand National yn 1992?

3. Beth yw'r symbol ar gyfer sodiwm yn y Tabl Cyfnodol?

4. Ym mha flwyddyn y dyfeisiwyd y cyfrifiadur personol, y ceisiwyd saethu Ronald Reagan, ac yr enillodd *Chariots of Fire* y ffilm orau yn yr Oscars?

5. Ym mha wlad mae'r adeilad talaf yn y byd?
   a. Yr Unol Daleithiau
   b. Japan
   c. Yr Emiraethau Arabaidd Unedig

6. Pa newyddiadurwr dorrodd y newyddion fod Hillary a Tensing wedi concro Everest yn 1953?

7. Mewn milltiroedd, pa mor hir yw twnnel y Sianel?

8. Pa chwaraewr rygbi byd-enwog a anwyd yng Ngwauncaegurwen yn 1947?

9. Pwy dd'wedodd 'Good morning, and it's a very good morning in Wales'?

10. Sawl Safle Treftadaeth y Byd UNESCO sydd yng Nghymru?

11. Pa actores o Gymru actiodd yn y ffilmiau *Proud Valley*, *The Captive Heart* a *Undercover*?

12. Pwy rannodd Wobr Heddwch Nobel gyda Nelson Mandela yn 1993?

13. Pa un sydd fwya' i'r gorllewin, Llangrannog neu Aber-porth?

14. Pa fath o fwyd yw *farfalle*?

15. Pwy ganodd am y 'Wand'rin Star'?
    a. Elvis
    b. Lee Marvin
    c. Conway Twitty

16. Pwy ysgrifennodd nofel *Ieuenctid yw 'Mhechod* yn 1965?

17. Pwy oedd Archesgob Caergaint cyn Rowan Williams?

18. Am ba ffilm yr enillodd Catherine Zeta Jones ei Oscar?

19. Pwy adeiladodd bont Pontypridd?

20. Pwy oedd 'yn fyw yn Nhreorci' yn y saith degau?

21. Pa gantores o dras Gymreig ganodd 'Downtown'?

22. Ym mha wlad mae afon Kwai?

23. Beth yw prifddinas Bangladesh?

24. Ble ym mro Gŵyr y ganwyd Edgar Evans, aelod o'r tîm a aeth i'r Antartig gyda Chapten Scott yn 1912?

25. Pwy oedd yr Archdderwydd adeg Eisteddfod 'Y Gadair Ddu' Penbedw yn 1917?

Atebion Cwis 10

1. Mawrth
2. Party Politics
3. Na
4. 1981
5. Yr Emiraethau Arabaidd Unedig
6. James Morris neu Jan Morris
7. 31.4 milltir
8. Gareth Edwards
9. Ron Davies
10. Tri – Blaenafon, cestyll a muriau tref o gyfnod Edward I yng Ngwynedd, Pontcysyllte.
11. Rachel Thomas
12. F. W. De Klerk
13. Aber-porth
14. Pasta
15. Lee Marvin
16. John Rowlands
17. George Carey
18. *Chicago*
19. William Edwards
20. Max Boyce
21. Petula Clark
22. Gwlad Thai
23. Dhaka
24. Rhosili
25. Evan Rees neu 'Dyfed'

1. Pwy oedd cyflwynydd y cwis *Jacpot*?

2. Ym mha wlad mae Acapulco?

3. Ym mha ddinas yr ysgrifennodd Karl Marx *Das Kapital*?

4. Pa ddramodydd enwog Americanaidd o dras Gymreig fu farw ar Chwefror y 25ain 1983?

5. Beth yw'r enw Cymraeg ar y Wirral?
    a. Cilgerran
    b. Cilgwri
    c. Cil-y-graig

6. Beth yw enw'r afon hwyaf sy'n llifo trwy Gymru yn unig, heb groesi ei ffiniau?

7. Beth yw enw'r llyfr yr enillodd Kingsley Amis Wobr Booker amdano yn 1986?

8. Pwy oedd yr athletwr mwya' llwyddiannus yng Ngêmau Olympaidd Berlin yn 1936 pan enillodd bedair medal aur?

9. Ar wahân i'r Unol Daleithiau yn y gogledd a Belize yn y de-ddwyrain, pa wlad arall sy'n ffinio â Mecsico?

10. Beth yw'r mynydd uchaf yn y byd? Kilimanjaro, Mauna Kea, neu Everest?

11. Lle roedd Stesion Strata?

12. Beth oedd enw cartref Richard Burton yn y Swistir?

13. Ym mha stiwdios y recordiwyd y gân *Bohemian Rhapsody* gan Queen?

14. Beth oedd llysenw Clive Rowlands, y cyn-chwaraewr, hyfforddwr a dewiswr rhyngwladol?

15. Pa un sydd fwya' i'r gorllewin – Penarth neu'r Barri?

16. Os yw hi'n 10 o'r gloch y bore yng Nghymru ym mis Awst, faint o'r gloch yw hi yn Cape Town yn Ne Affrica?

17. Beth oedd enw'r ffilm ddogfen gan Humphrey Jennings a gafodd ei ffilmio yng Nghwmgïedd ger Ystradgynlais yn 1943, ffilm am drasiedi pentref Lidice yn yr hen Tsiecoslofacia?

18. Pa actor a chefnogwr Plaid Cymru o Drealaw yn y Rhondda oedd bos *Dempsey and Makepeace*?
    a. Ray Milland
    b. Ray Smith
    c. Raymond Williams

19. Pa gân sydd â'r geiriau canlynol: 'Wi'n whysu stecs mewn twll o le / Ma' rhai'n galw'n glwb neu ddisgo'.

20. I ba dîm rygbi roedd y 'Chief' yn chwarae?

21. Faint o bobl fu farw yn y bom a ffrwydrodd yn y Grand Hotel yn Brighton ar Hydref y 12fed 1984?

22. Ym mha ran o'r corff mae'r *humerus*?

23. Pa ddrwgweithredwr o dras Gymreig oedd yn cael ei alw 'The Camel'?

24. Beth sy'n cysylltu'r cymeriad Gimli o'r ffilmiau *Lord of the Rings* a Sallah o'r ffilmiau *Indiana Jones*?

25. Oddi ar arfordir pa gyfandir mae Devil's Island?

Atebion Cwis 11

1. Kevin Davies
2. Mecsico
3. Llundain
4. Tennessee Williams
5. Cilgwri
6. Afon Tywi
7. *The Old Devils*
8. Jesse Owens
9. Guatemala
10. Mauna Kea yn Hawaii – mae'r pellter o'i waelod, sydd o dan y môr, i'w gopa dros 10,000 metr, sy'n fwy nag 8,848 metr Mynydd Everest
11. Ystrad-fflur ger Pontrhydfendigaid
12. Le Pays de Galles
13. Stiwdios Rockfield ger Trefynwy
14. Top Cat
15. Y Barri
16. Un ar ddeg y bore
17. *Silent Village*
18. Ray Smith
19. 'Nos Sadwrn Abertawe', Neil Rossa
20. Pontypridd, a'i enw oedd Dale McIntosh
21. Pump
22. Y fraich
23. Murray 'the Hump' Humphreys
24. Yr actor John Rhys Davies
25. De America

1. Ym mha ddinas y perfformiwyd oratorio'r *Messiah* gan Handel am y tro cynta'?

2. Pwy oedd cyflwynydd cyntaf *University Challenge* nôl yn 1962?

3. Llyfr o gerddi pa fardd a gyflwynwyd gan Hywel Gwynfryn i'r bocsiwr Muhammad Ali nôl yn 1965?

4. Beth yw'r enw Cymraeg ar Leominster?

5. Yn iaith y Cofi, beth yw 'niwc'?

6. Beth yw'r ail fynydd mwya' yng Nghymru?

7. Sawl gwlad sy'n ffinio â'r Almaen?

8. Pa ddathliad priodas gewch chi wedi 80 mlynedd o briodas?

9. Ymhle mae Syr Ifan ab Owen Edwards wedi'i gladdu?

10. Pwy oedd y canolwr a bartnerwyd gyda Ray Gravell 17 o weithiau yn ystod y saith degau?

11. Pa drasiedi ddigwyddodd ar Ebrill y 15fed 1989 yn Sheffield?

12. Pa actor o Gymru a ymddangosodd mewn tair o ffilmiau'r Beatles yn ystod y chwe degau?
    a. Victor Spinetti
    b. Hugh Griffith
    c. Stanley Baker

13. Ar wahân i Patrick Macnee a Joanna Lumley, pwy oedd y trydydd aelod o'r *New Avengers*?

14. Pwy oedd cyfarwyddwr y ffilm *Grand Slam*?

15. Ym mha ran o'r corff mae'r *metacarpals*?

16. Am ba ferch y canodd Paul Anka yn 1957?

17. Ry'n ni'n fwy cyfarwydd â Helen Lydia Mironoff fel pwy?

18. Pwy oedd golygydd cyntaf Radio Cymru?

19. Beth yw lliwiau baner Llydaw?

20. O ble yng Nghymru y daeth Bartholomew Roberts yn wreiddiol?

21. Pwy ysgrifennodd y llyfrau Tintin?

22. Gyda pha dîm pêl-droed y dechreuodd Ian Rush ei yrfa?

23. Ymhle mae Ynys Sumatra? Micronesia, Melanesia, neu Indonesia?

24. Beth mae'r gair 'odeon' yn ei olygu?

25. Pwy briododd â Guy Ritchie yng Nghastell Skibo yn yr Alban?

Atebion Cwis 12

1. Dulyn
2. Bamber Gascoigne
3. Syr T. H. Parry-Williams
4. Llanllieni
5. Ceiniog
6. Crib y Ddysgl
7. Naw
8. Derw
9. Llanuwchllyn
10. Steve Fenwick
11. Trasiedi Hillsborough
12. Victor Spinetti
13. Gareth Hunt
14. John Hefin
15. Y llaw
16. Diana
17. Helen Mirren
18. Meirion Edwards
19. Du a gwyn
20. Casnewydd-bach
21. Hergé
22. Caer neu Chester City
23. Indonesia
24. Theatr
25. Madonna

1. Ym mha wlad mae dinas Mogadishu?

2. Pa un o'r brodyr Kray fu farw gynta'?

3. Ym mha sir mae tref Ystradgynlais?

4. Pwy ysgrifennodd y gerdd am Hedd Wyn 'y bardd trwm dan bridd tramor'?

5. Pa awdur byd enwog fu'n byw yn 78 Ffordd y Gadeirlan, Caerdydd rhwng 1896 ac 1897?

6. Ym mha ogof ym Mhenrhyn Gŵyr y darganfuwyd sgerbwd y Ddynes Goch, y ffosil dynol cyntaf i gael ei ddarganfod yn y byd?

7. Ar ôl pa ganwr yr enwyd y pryfyn *Funkotriplogynium iagobadius* yn 1997?
   a. Tom Jones
   b. James Brown
   c. Siân James

8. Beth yw enw'r rhan dyfnaf o holl foroedd y byd?

9. Pa dref yw'r fwya' gogleddol – Llanymddyfri neu Lanwrtyd?

10. Pa dref yng ngorllewin Cymru oedd yn dathlu 900 mlynedd o fodolaeth yn 2010?

11. Beth oedd enw albwm Cymraeg cyntaf Meic Stevens?

12. Pwy oedd yn actio Battery Sergeant – Major 'Shut Up' Williams yn y gyfres *It Ain't Half Hot Mum*?

13. Beth yw'r afon hiraf yn Ffrainc?

14. Ym mha dalaith yn yr Unol Daleithiau y gwelwch chi Mount Rushmore?

15. Pwy oedd rheolwr Manchester United cyn Alex Ferguson?

16. Pa bensaer o dras Gymreig a gynlluniodd dŷ iddo'i hun o'r enw 'Fallingwater'?

17. Beth yw enw'r mwnci sydd ar y rhaglen blant *Igam Ogam*?

18. Pa fath o anifail yw'r Rhodesian Ridgeback?
    a. Mochyn gwyllt
    b. Ci
    c. Impala

19. Ym mha ffilm y bu Matthew Rhys ac Ioan Gruffudd yn actio'r cymeriadau Hob a Nob?

20. Pa Arlywydd o'r Aifft a saethwyd yn farw yn 1981?

21. Chwaraeodd Ian Botham griced dros Swydd Gaerwrangon, Durham a phwy arall?

22. Mathau o ba anifail yw'r Cantonese a'r Norwegian Landrace?

23. Beth oedd llysenw O. J. Simpson fel chwaraewr pêl-droed Americanaidd?

24. Beth oedd ffilm gyntaf Richard Burton?

25. Pwy oedd Arlywydd yr Unol Daleithiau drwy gydol y Rhyfel Byd Cyntaf?

Atebion Cwis 13

1. Somalia
2. Ronnie
3. Powys neu Frycheiniog
4. R. Williams Parry
5. Joseph Conrad
6. Paviland
7. James Brown
8. Y Mariana Trench, sy'n 6.7 milltir o ddyfnder
9. Llanwrtyd
10. Aberteifi
11. *Gwymon*
12. Windsor Davies
13. Afon Loire
14. De Dakota
15. Ron Atkinson
16. Frank Lloyd Wright
17. Roli
18. Ci
19. *Very Annie Mary*
20. Anwar Sadat
21. Gwlad yr Haf
22. Mochyn
23. The Juice
24. *The Last Days of Dolwyn*
25. Woodrow Wilson

Cwis 14

1. Gweddillion pa long y gellir eu gweld ar draeth Rhosili ym Mhenrhyn Gŵyr?

2. Pwy oedd cyflwynydd cyntaf *A Question of Sport*?

3. Â pha awdur plant y bu'r actores Patricia Neal yn briod rhwng 1953 ac 1983?

4. Pa dîm pêl-droed tramor y bu Ian Rush yn chwarae iddo?

5. Â pha alwedigaeth y cysylltir Harley Street?

6. O ba ran o Ffrainc y daw Calvados yn wreiddiol?
   a. Normandi
   b. Llydaw
   c. Dordogne

7. Pwy oedd y person cyntaf i gyrraedd Pegwn y Gogledd yn 1909?

8. Pwy ganodd am y 'Ferry Across the Mersey' yn wreiddiol?

9. Pa ddramodydd o'r Unol Daleithiau 'sgrifennodd y ddrama *Bound East for Cardiff* yn 1914?

10. Pwy ddyfeisiodd y thermomedr cynnar neu'r thermosgop?

11. Pwy oedd llais Superted yn Gymraeg?

12. Pa seren o'r gyfres *West Wing* a *Brothers and Sisters* a ymddangosodd ar lwyfan Gŵyl y Gelli ym mis Mai 2011?

13. Pwy biau'r gân 'Bron yr Aur Stomp'?

14. Pwy ganodd am y 'Green, Green Grass of Home' gynta'?

15. Pwy oedd yn chwarae rhan Rumpole ar y teledu?

16. Am beth mae Manolo Blahnik yn enwog?
    a. Sglefrfyrddio
    b. Chwarae gwyddbwyll
    c. Cynllunio esgidiau

17. Beth yw enw brawd Peppa Pinc?

18. Mathau o ba anifail yw'r Lithuanian Red a'r Malvi?

19. Pa ganwr o'r Unol Daleithiau a gynhaliodd gyngerdd awyr agored ar dir Castell Cyfarthfa ym mis Mehefin 2007?

20. Pwy yw awdur bywgraffiad Gwynfor Evans?

21. Pa actores Awstralaidd gafodd ei magu nes ei bod hi'n 14 yn Llangefni?

22. Pa seren o'r byd tennis fu'n briod â'r actores Brooke Shields?

23. Ar set pa ffilm y cyfarfu Richard Burton ag Elizabeth Taylor?

24. Pwy oedd Prif Weinidog cyntaf Prydain?

25. I ba wlad y perthyn Ynys Corsica?

Atebion Cwis 14

1. *Helvetia*
2. David Vine
3. Roald Dahl
4. Juventus
5. Meddygaeth
6. Normandi
7. Robert Peary
8. Gerry and The Pacemakers
9. Eugene O'Neill
10. Galileo
11. Geraint Jarman
12. Rob Lowe
13. Led Zeppelin
14. Porter Wagoner
15. Leo McKern
16. Cynllunio esgidiau
17. George
18. Gwartheg
19. Donny Osmond
20. Rhys Evans
21. Naomi Watts
22. André Agassi
23. *Cleopatra*
24. Syr Robert Walpole
25. Ffrainc

Cwis 15

1. Mathau o ba anifail yw'r Chilean Corralero a'r Auxois?

2. Ym mha flwyddyn y ganwyd Ann Clwyd, Anthony Hopkins a Shirley Bassey?

3. Beth yw enw tad Ryan Giggs, a fu'n chwarae Rygbi'r Gynghrair?

4. Papur bro pa ardal yw *Nene*?

5. Beth sy'n digwydd os caiff sodiwm clorid ei dywallt i wydryn o ddŵr?
   a. Dim byd
   b. Mae'n diflannu ac yn troi'r dŵr yn hallt
   c. Mae'n troi'r dŵr yn las

6. I ba grŵp o ynysoedd mae ynys Fuerteventura yn perthyn?

7. Beth oedd y Pink Panther yn y ffilm o'r un enw?

8. Pa lofrudd fu'n byw yn 10 Rillington Place?

9. Beth oedd prifddinas Gorllewin yr Almaen rhwng 1949 ac 1990?

10. Pwy oedd creawdwr y Daleks?

11. Pwy saethodd Martin Luther King yn 1968?

12. Mewn beth yr hwyliodd Bernard Thomas o Loegr i Ffrainc yn 1974?

13. Ym mha dalaith yn yr Unol Daleithiau y ganwyd Barack Obama?

14. Ym mha flwyddyn y bu Saunders Lewis, Thomas Parry, a Kate Roberts farw?

15. Beth oedd enw albwm cyntaf Edward H. Dafis?

16. Pa bentre' glan môr yng ngorllewin Cymru a ysbrydolodd y cyfansoddwr Edward Elgar i gyfansoddi ei 'Introduction and Allegro for Strings' ar ôl iddo ymweld ag ef yn 1901?

a. Ceinewydd
b. Llangrannog
c. Aber-cuch

17. Beth oedd enw llyfr T. Llew Jones am y môr-leidr Harri Morgan?

18. Pwy oedd Llefarydd Tŷ'r Cyffredin rhwng 1976 ac 1983?

19. Ail albwm pa grŵp Cymraeg oedd *Boom Shaka Boom Tang*?

20. Hunangofiant pa actor yw *The Moon's a Balloon*?

21. Pa bensaer o dras Gymreig oedd yn gyfrifol am gynllunio Plas Llanerchaeron, Carchar Caerfyrddin, y Marble Arch yn Llundain a sawl rhan o Balas Buckingham?

22. Ym mha flwyddyn y cafwyd helynt Penyberth, cychwyn Rhyfel Cartref Sbaen, ac Eisteddfod Genedlaethol Abergwaun?

23. Ym mha wlad mae pencadlys y Groes Goch Ryngwladol?

24. Pa Aelod Seneddol Llafur a ffugiodd ei farwolaeth ei hun yn 1974?

25. Ymhle yng Nghymru y byddech yn debygol o deithio ar hyd y Boulevard de Nantes?

Atebion Cwis 15

1. Ceffyl
2. 1937
3. Danny Wilson
4. Rhosllannerchrugog
5. Mae'n diflannu ac yn troi'r dŵr yn hallt
6. Ynysoedd Canaria
7. Carreg neu em werthfawr
8. John Christie
9. Bonn
10. Terry Nation
11. James Earl Ray
12. Cwrwgl
13. Hawaii
14. 1985
15. *Yr Hen Ffordd Gymreig o Fyw*
16. Llangrannog
17. *Trysor y Môr-Ladron*
18. George Thomas
19. Hanner Pei
20. David Niven
21. John Nash
22. 1936
23. Y Swistir
24. John Stonehouse
25. Caerdydd

1. Ymhle y rhedwyd y filltir bedair munud gyntaf yn 1954?

2. Pwy oedd Gwyllyn Samuel Newton Ford?

3. Papur bro pa ardal yw'r *Lloffwr*?

4. Sawl gwlad sofran sydd yng nghyfandir Affrica?

5. Pa dîm pêl-droed gurodd Abertawe er mwyn cyrraedd yr Uwch Gynghrair yn 2011?

6. Pwy oedd cyfansoddwr y *Planedau*?

7. Pwy oedd tad y digrifwr Idris Charles?

8. Pwy oedd yr actor oedd yn chwarae rhan y partner yn y gyfres *Bowen a'i Bartner*?

9. Mae dinas Reims yn ganolbwynt i ba ardal o Ffrainc sy'n enwog am ei gwin?

10. Pa dre' sydd fwya' i'r gogledd – Merthyr Tudful neu Lynebwy?

11. Beth yw ystyr *al fresco*?

12. Pwy oedd olynydd John Morris fel Ysgrifennydd Gwladol Cymru yn 1979?

13. Pa wlad adawodd y Gymanwlad yn 1972?

14. Pa fath o bysgodyn yw ciper?

15. Ym mha wlad y ganwyd Mozart?

16. I ba ddinas doedd y Tebot Piws ddim yn bwriadu mynd yn 1970?

17. Ym mha bentre' mae'r Dafarn Sinc?

18. Pwy oedd awdur y gyfrol *Sgubo'r Storws*?

19. Pa ganwr a chyfansoddwr Gwyddelig oedd yn berchen ar dŷ ym Mhontcanna yng Nghaerdydd?
    a. Christy Moore
    b. Van Morrison
    c. Daniel O'Donnell

20. Pwy oedd Aelod Seneddol Ynys Môn cyn Ieuan Wyn Jones rhwng 1979 ac 1987?

21. Ymhle y cynhaliwyd y Sioe Frenhinol gyntaf nôl yn 1904?

22. Ceisiodd Gladys Thomas Frost o Abertawe fynd â biliwnydd Americanaidd i'r llys yn yr Unol Daleithiau er mwyn cael ei chyfran hi o gyfoeth ei hen dad-cu yn 1959. Pwy oedd y biliwnydd?

23. Lle cafodd Ioan Gruffudd ei eni?

24. Ym mha wlad mae Khartoum?

25. Beth oedd y sengl gyntaf a ryddhawyd gan y Beatles?

Atebion Cwis 16

1. Rhydychen
2. Glenn Ford
3. Llandeilo
4. 54
5. Reading
6. Gustav Holst
7. Charles Williams
8. Dorien Thomas
9. Champagne
10. Glynebwy
11. 'Ffres' neu 'tu allan'
12. Nicholas Edwards
13. Pacistan
14. Ysgadenyn (*herring*)
15. Awstria
16. Birmingham
17. Rosebush
18. Dic Jones
19. Van Morrison
20. Keith Best
21. Aberystwyth
22. Howard Hughes
23. Aberdâr
24. Swdan
25. 'Love Me Do'

1. I ba wlad y perthyn Ynys y Pasg?

2. Beth yw'r Ffrangeg am Ddydd Mawrth Ynyd?

3. Beth yw'r ail wlad fwya' yn y byd o ran arwynebedd?

4. Pa lywodraeth oedd yn rheoli Ffrainc rhwng 1940 ac 1944?

5. Beth yw'r degfed o'r Deg Gorchymyn?

6. Beth oedd enw ewythr y canwr Meic Stevens a laddwyd yn y llong danfor HMS *Tarpon* yn ystod yr Ail Ryfel Byd?

7. Pwy oedd yn actio rhan Jason ar *Pobol y Cwm*?

8. Mae tri pherson o Fancyfelin ger Caerfyrddin wedi cael cap dros Gymru – Lynn 'Cowboy' Davies, Delme Thomas, a phwy arall?

9. Beth yw'r enw ar y pryd Gwyddelig o datws stwnsh a bresych?

10. Albwm cyntaf pa artist oedd *Postcard* yn 1969?
    a. Man
    b. Amen Corner
    c. Mary Hopkin

11. Pa gantores oedd yn cael ei hadnabod fel aderyn bach y to?

12. Pwy oedd yn actio rhan y *Milwr Bychan* yn 1986?

13. Pwy yw Aelod Seneddol Cwm Cynon er 1984?

14. Ar ôl rhyfel cartref yn Nigeria yn 1967 fe grëwyd gweriniaeth yn y de a barodd am dair blynedd. Beth oedd enw'r weriniaeth?

15. Pwy apwyntiwyd yn Brif Swyddog Cyfathrebu i Faer Llundain yn 2008?

16. Beth yw'r enw Cymraeg am Winifred?

17. Beth ddyfeisiwyd gan Kilby a Noyce yn 1959?
    a. Ffwrn ficrodon
    b. Microsglodyn
    c. Microsgop

18. Yn y Teulu Brenhinol, sawl cefnder neu gyfnither sydd gan y Tywysog William a'r Tywysog Harry?

19. Beth yw enw bwyty'r cogydd Bryn Williams yn Llundain?

20. Pwy ysgrifennodd y geiriau 'Gwinllan a roddwyd i'm gofal yw Cymru fy ngwlad'?

21. Pobl o ba ran o Gymru sy'n cael eu galw'n 'snecs'?

22. Beth oedd testun y Gadair yn Eisteddfod Genedlaethol Penbedw yn 1917 pan enillodd Hedd Wyn?

23. Beth yw'r ail blaned agosaf i'r haul?

24. Prifddinas pa wlad yng ngorllewin Affrica yw Libreville?

25. Pwy oedd Prif Weinidog Prydain rhwng 1945 ac 1951?

Atebion Cwis 17

1. Chile
2. *Mardi Gras*
3. Canada
4. Llywodraeth Vichy
5. Na ladrata
6. Walter
7. Rhys ap Hywel
8. Mike Phillips
9. *Colcannon*
10. Mary Hopkin
11. Édith Piaf
12. Richard Lynch
13. Ann Clwyd
14. Biaffra
15. Guto Harri
16. Gwenfrewi
17. Microsglodyn
18. Chwech (Beatrice ac Eugenie, Zara a Peter, Louise a James)
19. Odette's
20. Saunders Lewis
21. Aberdâr
22. 'Yr Arwr'
23. Gwener
24. Gabon
25. Clement Attlee

Cwis 18

1. Hunangofiant pwy oedd *Long Walk to Freedom*?
2. Yn ystod yr Ail Ryfel Byd, pa fwydydd oedd y cyntaf i gael eu dogni?
3. Pa dri chyfenw fu gan y cymeriad Alexis (sef cymeriad Joan Collins) yn y gyfres *Dynasty*?
4. Pa filiwnydd o Lundain, ond sydd â'i wreiddiau yng Ngheredigion, a roddodd arian tuag at adeiladu'r pafiliwn anferth ym Mhontrhydfendigaid?
5. Pa wyddonwraig enillodd Wobr Nobel mewn Ffiseg yn 1903 a Gwobr Nobel mewn Cemeg yn 1911?
6. Pa fath o frîc gafodd ei batent yn 1958?
7. Ar Awst y 5ed 1925, sefydlwyd Plaid Cymru mewn gwesty ym mha dref?
   a. Caerfyrddin
   b. Y Barri
   c. Pwllheli
8. Pa chwaraewr rygbi o Sutton Coldfield a enillodd 94 o gapiau dros Gymru?
9. Hunangofiant pa weinidog a chyn-chwaraewr rygbi oedd *Pwll, Pêl a Phulpud*?
10. Pa actor oedd yn chwarae rhan Hawkeye yn y gyfres *MASH*?
11. Ym mha wlad ganed cyflwynydd cyntaf *Mastermind*, Magnus Magnusson?
12. Pa fand Cymraeg a ganodd am Jack Kerouac?
    a. Mynediad Am Ddim
    b. Diffiniad
    c. Tynal Tywyll
13. Er 1991, yn lle mae Sioe Crufts yn cael ei chynnal?
14. Roedd enw'r meddyg brenhinol a phrif sylfaenydd Llyfrgell Genedlaethol Cymru, Syr John Williams, ar un adeg yn cael ei gysylltu â pha lofrudd enwog?
15. Pwy oedd y llawfeddyg cyntaf i drawsblannu calon yn llwyddiannus yn 1967?

16. Pa ffrwyth yw'r unig un sydd â'i hadau ar y tu allan yn hytrach na'r tu mewn?

17. Pa actor a chyfarwyddwr ffilmiau dogfen, a anwyd ger Dinbych-y-pysgod, oedd yn byw mewn tŷ o'r enw Michael Collins House yn Islington, Llundain?

18. Pa brifardd o Lawr y Betws ger Corwen oedd awdur yr englyn:
    'O Dad yn deulu dedwydd – y deuwn
        A diolch o'r newydd'?

19. Pwy oedd noddwraig Griffith Jones, Llanddowror?

20. Beth yw enw'r mwyngloddiau aur ger Pumsaint yn Sir Gaerfyrddin?

21. Pa gerddor gwerin enwog fu'n ymweld yn eitha' aml â Llanddewibrefi yn ystod y chwe degau, yn ôl y sôn?
    a. Bob Dylan
    b. Donovan
    c. Martin Carthy

22. Pryd cafodd yr Ewro ei lansio?

23. Pa chwaraewr criced o India'r Gorllewin fu'n chwarae dros Forgannwg rhwng 1990 ac 1993?

24. Beth yw prifddinas Nepal?

25. Pwy oedd y fenyw gyntaf i hedfan ar draws yr Iwerydd yn 1928 ar ôl hedfan o Newfoundland i Borth Tywyn?

Atebion Cwis 18

1. Nelson Mandela
2. Menyn, siwgr a chig moch
3. Colby, Dexter a Carrington
4. Syr David James
5. Marie Curie
6. Lego
7. Pwllheli
8. Colin Charvis
9. Elwyn Jenkins
10. Alan Alda
11. Gwlad yr Iâ
12. Tynal Tywyll
13. NEC Birmingham
14. Jack the Ripper
15. Christiaan Barnard
16. Mefus
17. Kenneth Griffith
18. W. D. Williams
19. Madam Bevan
20. Dolaucothi
21. Bob Dylan
22. 1999
23. Viv Richards
24. Kathmandu
25. Amelia Earhart

1. Beth oedd enw'r plismon gafodd ei saethu yn ei wyneb (a'i ddallu) gan ddihiryn ar bont dros afon Dyfi yn 1961?

2. Pwy oedd yn actio rhan Caleb yn y gyfres deledu *Miri Mawr*?

3. Pa bencampwriaeth chwaraeon a ddechreuodd yn 1877?

4. Pwy adeiladodd Bont Britannia ar draws y Fenai yn 1850?

5. Pa barc yn Los Angeles sydd wedi ei enwi ar ôl dyn o'r Betws ger Maesteg a roddodd 3,000 o aceri i'r ddinas yn 1896?

6. Dyfeisiodd Bill Wright y sioe *Mastermind* yn dilyn ei brofiad o gael ei holi gan bwy?

7. Pa grŵp Cymraeg o'r chwe degau a'r saith degau ganodd am 'Llwch y Ddinas' a 'Dai Corduroy'?

8. Ymhle y ganwyd yr ysgolhaig Hywel Teifi Edwards?
   a. Llanfihangel-y-Pennant
   b. Llanddewi Aber-arth
   c. Llanfihangel-y-Creuddyn

9. *Gymerwch chi Sigarét* gan Saunders Lewis oedd drama lwyfan gyntaf pa seren Hollywood o Gymru?
   a. Hugh Griffith
   b. Anthony Hopkins
   c. Stanley Baker

10. Ar briffordd yr A487 rhwng Aberystwyth a Llanrhystud mae geiriau cofiadwy i'w gweld ar adfeilion hen fwthyn Troed-y-rhiw. Beth yw'r geiriau?

11. Sawl math o anifail oedd gan 'Mari', oedd yn byw 'Mewn bwthyn bach annwyl ar ochr y bryn, ei do sydd o wellt, a'i wyneb sydd wyn'?

12. Pwy yw Gwŷr y Gloran?

13. Bu Ronald Reagan ac Arnold Schwarzenegger yn llywodraethwyr ar ba dalaith yn yr Unol Daleithiau?

14. Ym mis Mai 1897, i ble y trosglwyddodd George Kemp a Guglielmo Marconi y negeseuon diwifr cyntaf dros y môr o Ynys Echni?

15. Pa fardd o Gymru oedd yn gyfrifol am y gerdd 'Leisure' a gyfansoddwyd yn 1911?

16. Ym mha ddinas y saethwyd yr Archddug Franz Ferdinand yn 1914, gan gychwyn y gadwyn o ddigwyddiadau a esgorodd ar y Rhyfel Byd Cynta' yn y pen draw?

17. Beth ydych chi'n ei ofni os ydych yn dioddef o *coimetrophobia*?

18. Pa brifardd enillodd ddwy goron am ei bryddestau 'Ffenestri' ac 'Unigedd'?

19. Mae ynysoedd Zanzibar yn perthyn i ba wlad?

20. Pa blaned sydd agosa' i'r haul?

21. Pwy yw awdur y geiriau 'Wele'n sefyll rhwng y myrtwydd'?

22. Beth yw enw'r canwr a enillodd y gyfres gyntaf o *Britain's Got Talent* yn 2007?

23. Pwy yw Aelod Cynulliad Dwyrain Caerfyrddin a Dinefwr er 1999?

24. Beth oedd yr Hwntw Mawr?
    a. Canwr   b. Llofrudd   c. Pregethwr

25. Pwy oedd yr ail James Bond ar ffilm?

Atebion Cwis 19

1. Arthur Rowlands
2. Dafydd Hywel
3. Wimbledon
4. Thomas Telford
5. Griffith Park
6. Y Gestapo
7. Triban
8. Llanddewi Aber-arth
9. Anthony Hopkins
10. Cofiwch Dryweryn
11. Wyth
12. Pobl y Rhondda
13. Califfornia
14. Trwyn Larnog ger Penarth
15. W. H. Davies – 'What is this life if, full of care / We have no time to stand and stare.'
16. Sarajevo
17. Mynwentydd
18. Y Parch. W. J. Gruffydd, neu 'Elerydd'
19. Tanzania
20. Mercher
21. Ann Griffiths
22. Paul Potts
23. Rhodri Glyn Thomas
24. Llofrudd (Thomas Edwards, y person olaf i'w grogi'n gyhoeddus yn sir Feirionnydd).
25. George Lazenby

1. Beth oedd cyfenw Margo a Jerry yn *The Good Life*?

2. Pwy oedd Prif Weinidog Prydain rhwng 1951 ac 1955?

3. Pwy oedd cyflwynydd cyntaf y gyfres *This Is Your Life* ym Mhrydain?

4. Pa ganwr o Gymru a ganodd am y 'Mwgyn, Mwffler a Mynuffari'?

5. Pa actor oedd yn gyfrifol am gynnal drama'r Pasg ym Mhort Talbot dros gyfnod o 72 awr yn 2011?

6. Mae *Torth o Fara* a *Rhwng Saith Stôl* ymhlith recordiau hir pa grŵp?

7. Ym mha dref glan môr yn y gogledd yr arferai Alice Liddell, sef yr Alice o *Alice in Wonderland*, dreulio'i hafau pan oedd yn ifanc?

8. Yn ôl y sôn, pa actores fu'n caru gyda John F. Kennedy a'i frawd Robert F. Kennedy?

9. Pa un sydd fwya' i'r gorllewin – Llandudoch neu Dudraeth?

10. Pa ganwr sy'n fab i gigydd o Borth Tywyn ac sydd bellach wedi gwneud ei farc yn y West End?

11. Pwy oedd y brenin neu'r frenhines gyntaf ym Mhrydain i roi araith ar ddydd Nadolig?

12. Fe chwaraeodd y pêl-droediwr Mickey Thomas dros Gymru, Wrecsam, Manchester United, Stoke City, West Bromwich Albion, Everton, Brighton, Derby County, Wichita Wings, Leeds United, Shrewsbury Town a pha dîm arall?

13. O ba iaith y daw'r gair *geyser*?

14. Pa Aelod Seneddol o Gymru'n wreiddiol fu'n Ysgrifennydd Gwladol rhwng 1976 ac 1979?

15. Pa gyfarwyddwr ffilmiau a chwaraeodd rannau cameo mewn 37 o'i ffilmiau?

16. Beth oedd gwaith Gandhi cyn troi at wleidyddiaeth?

17. Pwy oedd yn berchen ar y llong *Herald of Free Enterprise* a suddodd ym mhorthladd Zeebrugge yn 1987?

18. Pa dîm pêl-droed o Gymru sy'n chwarae ym Mharc Penydarren?

19. Pwy neu beth oedd Saint-Saëns?
    a. Eglwys   b. Arlunydd   c. Cerddor

20. Beth ydych chi'n ei ofni os ydych yn dioddef o *gamophobia*?

21. Pwy oedd golygydd cyntaf y cylchgrawn Eingl-Gymreig, *Planet*?

22. Pa dref sydd fwya' i'r gogledd – Porthmadog neu Bwllheli?

23. Pwy neu beth oedd Coch Bach y Bala?

24. Sawl cân gan Mary Hopkin gyrhaeddodd y deg uchaf yn y Siartiau Pop ym Mhrydain?

25. Teulu pa Brif Weinidog a gysylltir â Chastell Penarlâg?

Atebion Cwis 20

1. Leadbetter
2. Winston Churchill
3. Eamonn Andrews
4. Delwyn Siôn
5. Michael Sheen
6. Mynediad Am Ddim
7. Llandudno
8. Marilyn Monroe
9. Tudraeth
10. John Owen Jones
11. Siôr V yn 1932
12. Chelsea
13. Iaith Gwlad yr Iâ
14. Merlyn Rees
15. Alfred Hitchcock
16. Cyfreithiwr
17. Townsend Thoresen
18. Merthyr
19. Roedd Camille Saint-Saëns yn gyfansoddwr ac yn organydd.
20. Priodi
21. Ned Thomas
22. Porthmadog
23. John Jones, lleidr enwog
24. Pedair – 'Those Were the Days', Goodbye', 'Temma Harbour' a 'Knock Knock Who's there'.
25. William Gladstone

Cwis 21

1. Beth oedd enw'r swyddog buddsoddi gyda Banc Barings a garcharwyd am chwe blynedd yn 1995 am gyflawni twyll?

2. Pwy oedd capten tîm criced India'r Gorllewin rhwng 1974 ac 1985?

3. Beth oedd enw'r gweinidog Undodaidd o Alltyblaca oedd yn cyflwyno'r gêm banel *Penigamp* yn ystod y saith degau?

4. Pwy olynodd Ann Atkinson fel arweinyddes Côr Meibion Froncysyllte yn 2010?

5. Beth yw prifddinas talaith Califfornia?
   a. Los Angeles   b. Sacramento   c. San Diego

6. Yn erbyn pa dîm y chwaraeodd Jonah Lomu ei gêm gyntaf i Seland Newydd?

7. Pwy oedd Mr Universe rhwng 1968 ac 1970?

8. Pa artist gafodd ei eni yng Nghwm Wysg yn ystod tri degau'r ganrif ddiwethaf cyn mynd i Goleg Celf Abertawe?

9. Pwy ddarganfyddodd Van Diemen's Land (Tasmania) a Seland Newydd?

10. Pa dîm pêl-droed Ewropeaidd sy'n cael ei alw 'yr hen fenyw'?

11. Sut y mae Liam Forde, Scott Forde, Nicky Samuel ac Alun Morgan yn fwy enwog?

12. Ym mha flwyddyn y dechreuodd Richard Burton ac Elizabeth Taylor eu carwriaeth, y cafwyd protest gyntaf Cymdeithas yr Iaith, ac y ganed y cyflwynydd Kevin Davies a'r pêl-droediwr Mark Hughes?

13. Pa arweinydd tramor ddywedodd 'Live as if you were to die tomorrow, learn as if you were to live forever'?

14. Albwm cyntaf pwy oedd *Diolch a Chân* yn 1984?

15. Ger pa bentre' yn ne Cymru mae ffermdy Cefn Ydfa?

16. Ble mae Waldo Williams wedi ei gladdu yn Sir Benfro?

17. O ba ddrama gan Shakespeare daw'r geiriau 'When shall we three meet again, in thunder lightning or in rain'?

18. Pa sengl gan Madonna oedd y cyntaf i gyrraedd rhif un?
    a. 'Into the Groove'
    b. 'Like a Virgin'
    c. 'Material Girl'

19. Pwy gafodd ei chrogi am lofruddio David Blakely?

20. Pwy gyfansoddodd 'Rhapsody in Blue'?

21. Pa liw oedd llygaid Frank Sinatra?

22. Pwy alwodd Margaret Thatcher yn 'plutonium blonde'?

23. Pwy chwaraeodd ran James Bond yn y ffilm *Licence to Kill*?

24. O ba wlad roedd Osama Bin Laden yn hanu?

25. Sawl potel win o faint arferol sydd mewn magnwm?

Atebion Cwis 21

1. Nick Leeson
2. Clive Lloyd
3. Y Parch. D. Jacob Davies
4. Leigh Mason
5. Sacramento
6. Ffrainc
7. Arnold Schwarzenegger
8. Aneurin Jones
9. Abel Tasman
10. Juventus
11. Crys
12. 1963
13. Mahatma Gandhi
14. Aled Jones
15. Llangynwyd
16. Capel Blaenconin yn Llandysilio
17. *Macbeth*
18. 'Into the Groove' (1985)
19. Ruth Ellis, y fenyw olaf i'w chrogi ym Mhrydain
20. George Gershwin
21. Glas
22. Arthur Scargill
23. Timothy Dalton
24. Saudi Arabia
25. Dwy

1. Yn ôl y farn gyffredinol, pwy oedd yn gyfrifol am osod bom ar yr awyren Pan Am 103, a ffrwydrodd dros Lockerbie yn 1988?

2. Pa sylwebydd criced ddywedodd 'The bowler's Holding, the batsman's Willey' wrth sôn am y cricedwyr Michael Holding a Peter Willey?

3. Pwy yw arweinyddes Côr Godre'r Aran er 1975?

4. Ym mha ddinas yr agorodd Marks and Spencer eu siop gyntaf?

5. Mae *cannellini*, *borlotti* ac *aduki* yn fathau o beth?

6. Sawl gwaith mae Nelson Mandela wedi bod yn briod?

7. Pa le sydd fwya' i'r gogledd – Llanfairpwll neu Benllech?

8. Beth yw enw'r gantores o Ffarmers a enillodd y Rhuban Glas yn 1995?

9. Pa enw sy'n fwy cyfarwydd i ni am Sagarmatha neu Mi-ti gu-ti cha-pu long na?

10. Yn y byd golff, pwy yw'r 'Golden Bear'?

11. Pa Gymro o Bort Talbot oedd Canghellor y Trysorlys cyntaf Margaret Thatcher?

12. Ym mha flwyddyn y bu'r Eisteddfod Genedlaethol yng Nghaernarfon, y bu farw John Wayne, ac yr ysgrifennwyd y gân 'Ysbryd y Nos' gan Edward H. Dafis?

13. O ba wlad y daw'r ddiod sieri yn wreiddiol?
    a. Ffrainc
    b. Portiwgal
    c. Sbaen

14. Pwy greodd y 'Jabberwocky'?

15. O ba wlad y daw'r pryd *chilli con carne* yn wreiddiol?

16. Rhieni pa gyflwynydd radio oedd yn arfer rhedeg Caffi Morgan yn Aberystwyth?

17. Ger pa bentre' yn Sir Benfro mae ffermdy Carnabwth?

18. Ar ba raglen gwis yr arferai Les Dawson ddweud 'My prizes are so bad, some people leave them in the foyer'?

19. Ym mha flwyddyn yr hedfanodd Concorde olaf?

20. Pa gamlas sy'n cysylltu Môr Iwerydd a'r Môr Tawel?

21. Beth yw lliw blodau'r eurinllys *(St John's Wort)*?

22. *Life in the Jungle* yw teitl hunangofiant pa wleidydd a miliwnydd o Gymru?

23. Pa actor o Dreffynnon wnaeth actio yn y ffilm *Brazil* gyda Robert De Niro?

24. Beth oedd enw'r trên a adeiladwyd yn 1923 ac a ddefnyddid ar y daith rhwng Llundain a Chaeredin bob dydd am 10 o'r gloch y bore?

25. Dywedodd Marilyn Monroe unwaith na fyddai'n gwisgo dim i'r gwely heblaw beth?

Atebion Cwis 22

1. Abdelbaset al-Megrahi
2. Brian Johnston
3. Eirian Owen
4. Manceinion
5. Ffa
6. Tair gwaith. Ytro cyntaf i Evelyn Ntoko Mase, yr ail dro i Winnie Madikizela, a'r trydydd tro i Graca Machel.
7. Benllech
8. Shân Cothi
9. Mynydd Everest. Dyma'r enwau Nepaleg a Thibeteg ar y mynydd.
10. Jack Nicklaus
11. Geoffrey Howe
12. 1979
13. Sbaen
14. Lewis Carroll
15. Mecsico
16. BB Aled Jones
17. Mynachlog Ddu
18. *Blankety Blank*
19. 2003
20. Panama
21. Melyn
22. Michael Heseltine
23. Jonathan Pryce
24. Flying Scotsman
25. Chanel No. 5

1. Yn y ffilm *Cleopatra* yn 1963, Elizabeth Taylor oedd yn chwarae'r brif ran, ond pwy oedd yn chwarae rhan Iwl Cesar?

2. Pa ddarganfyddiad pwysig a wnaed gan Howard Carter ac Arglwydd Caernarfon yn 1922?

3. Pa organau mae'r cyflwr *emphysema* yn effeithio arnynt?

4. Beth oedd enw'r grŵp o derfysgwyr a dderbyniodd gyfrifoldeb am ladd 11 o gystadleuwyr o Israel yng Ngêmau Olympaidd Munich yn 1972?

5. Pa grŵp Americanaidd sy'n enwog am y gân 'Reach Out, I'll Be There', a gollodd yr awyren a ffrwydrodd dros Lockerbie am eu bod yn hwyr yn cyrraedd y maes awyr?

6. Hunangofiant pa actor a sgriptiwr yw *Nesa Peth i Ddim?*

7. Rhwng 1978 a 2011, sawl Cymro sydd wedi ennill Pencampwriaethau Dartiau'r Byd a drefnir gan y BDO?

8. Beth yw enw mam Wil Cwac Cwac?
   a. Mari Pig Fawr
   b. Martha Plu Chwithig
   c. Mrs Tigi-dwt

9. Pwy ysgrifennodd y nofel *For Whom The Bell Tolls?*

10. Beth yw'r mynydd uchaf yn nhalaith Alaska?

11. Pwy oedd yn cael ei alw 'Il Gigante Buono'?

12. Beth oedd enw'r pentref dychmygol yn y ffilm *The Englishman Who Went Up a Hill But Came Down a Mountain?*

13. Fel pa grŵp roedd Geraint Jarman, Heather Jones a Meic Stevens yn fwy enwog?

14. Beth oedd enw iawn y bardd Cynan?

15. Yn y Tabl Cyfnodol pa elfen gemegol sydd â'r symbol Hg?

16. Pwy oedd awdur sgriptiau'r gyfres gomedi ar S4C, *Licyris Olsorts*?

17. Beth yw enw'r *pâté* sy'n cael ei wneud o afu gŵydd neu afu hwyaden?

18. Beth yw prifddinas rhanbarth Toscana yn yr Eidal?

19. Sawl siambr sydd i'r galon?

20. Ar ba ynys y ganwyd Freddie Mercury?

21. Ym mha wlad mae'r afon Rhein yn dechrau ar ei thaith?
    a. Gwlad Pwyl   b. Awstria   c. Swistir

22. Ym mha flwyddyn y ganwyd Syr Wyn Roberts, Sean Connery a Neil Armstrong?

23. Pwy yw awdur y geiriau 'Rwy'n caru pob erw o hen Gymru wen'?

24. Pwy oedd arweinydd Diwygiad 1904-05 yng Nghymru?

25. Pa brifardd ysgrifennodd y bryddest fuddugol 'Y Llen' yn 1953?

Atebion Cwis 23

1. Rex Harrison
2. Bedd Tutankhamen
3. Yr ysgyfaint
4. Black September
5. The Four Tops
6. Meic Povey
7. Tri – Leighton Rees, Richie Burnett a Mark Webster
8. Martha Plu Chwithig
9. Ernest Hemingway
10. Mount McKinley
11. John Charles
12. Ffynnon Garw
13. Y Bara Menyn
14. Albert Evans-Jones
15. Mercwri neu arian byw
16. Dafydd Rowlands
17. *Foie Gras*
18. Firenze neu Fflorens
19. Pedair
20. Zanzibar
21. Y Swistir
22. 1930
23. Crwys
24. Evan Roberts
25. Dilys Cadwaladr

Cwis 24

1. Tîm rygbi pa wlad yw'r 'Pumas'?

2. Pwy oedd yn actio Reginald Perrin yn y gyfres deledu wreiddiol?

3. Beth yw *kookaburra*?

4. Pwy oedd Aelod Seneddol Llanelli rhwng 1970 a 2005?

5. Pa drychineb lofaol ddigwyddodd yng Nghymru ar Fai y 17eg 1965?

6. Beth sy'n cysylltu'r cyfresi *Hustle*, *The Man from Uncle* a'r ffilm *The Magnificent Seven*?

7. Beth yw enw'r gêm lle'r oedd grwpiau mawr o ddau blwyf yn ceisio cael pêl i mewn i borth eglwys eu gwrthwynebwyr?

8. Yn ôl y sôn, pwy oedd tad Santes Dwynwen, santes y cariadon?

9. Rhwng 1988 a 2004, sawl medal aur enillodd Tanni Grey Thompson yn y Gêmau Paralympaidd?

10. Pwy oedd yn actio'r cymeriad Jeifin Jenkins?
    a. Huw Ceredig   b. Iestyn Garlick   c. Dafydd Hywel

11. Beth yw enw'r llosgfynydd marw yng nghanol Caeredin?

12. Beth oedd enw'r mynyddwr a'r llawfeddyg ddaeth yn ganghellor Prifysgol Bangor yn 1958?

13. Beth yw enw'r chwaraewr Rygbi'r Gynghrair o Gymru a chwaraeodd dros Brydain Fawr 31 o weithiau gan sgorio 24 cais rhwng 1954 ac 1962?

14. Beth yw prifddinas Ynys Cyprus?

15. Pwy oedd awdur y llyfr *Ivanhoe*?

16. Pa actor oedd yn enwog am ei bortread o'r cowboi Shane, ac a dreuliodd sawl mis yn Nhrawsfynydd yn ystod 1952 yn ffilmio *The Red Beret*?

17. Fel pa grŵp roedd Elwyn, Myrddin, Arwel, Viv a Richard yn fwy enwog?

18. Yn y Tabl Cyfnodol, pa elfen gemegol sydd â'r symbol Rh?

19. Beth oedd enw'r gyfres ar S4C oedd yn dilyn y milfeddyg Huw Geraint wrth iddo gyflawni ei waith?
    a. *Cefn Gwlad*   b. *Mil o Alwadau*   c. *Ffermio*

20. Beth yw'r enw ar y prif weinydd mewn bwyty yn Ffrainc?

21. Pa afon a ysbrydolodd Bedřich Smetana wrth iddo gyfansoddi ei gerddi symffonig *Má Vlast*?

22. Beth oedd enw'r pêl-droediwr a chwaraeodd dros Oxford United, QPR ac Abertawe, ac oedd yn fab i Mel Charles?

23. Pwy yw awdur y geiriau canlynol: 'Mae'n gwybod pris popeth / Heb wybod gwerth dim'?

24. Pwy oedd Archesgob Cymru rhwng 1968 ac 1971 ac a chwaraeodd ran allweddol yn yr Arwisgo yn 1969?

25. Beth yw enw'r pentre' lle magwyd Jac a Wil, Barry John, Carwyn James a Ronnie Williams?

Atebion Cwis 24

1. Ariannin
2. Leonard Rossiter
3. Aderyn Awstralaidd
4. Denzil Davies
5. Trychineb Glofa'r Cambrian yng Nghwm Clydach
6. Robert Vaughn
7. Cnapan
8. Brychan Brycheiniog
9. Un ar ddeg medal aur
10. Iestyn Garlick
11. Arthur's Seat
12. Syr Charles Evans
13. Billy Boston
14. Nicosia
15. Syr Walter Scott
16. Alan Ladd
17. Hogia'r Wyddfa
18. Rhodiwm
19. *Mil o Alwadau*
20. *Maître d'Hôtel*
21. Afon Vltava
22. Jeremy Charles
23. Sarnicol
24. Glyn Simon
25. Cefneithin

1. Yn ôl Undeb Rygbi Cymru, beth yw'r tîm rygbi hynaf yng Nghymru?

2. Beth ydych chi'n ei ofni os ydych yn dioddef o *bathophobia*?

3. Pa aelod o'r cyhoedd ddaeth yn enwog oherwydd y rhaglen deledu *Driving School* yn 1997?

4. Pwy oedd y chwaraewr pêl-droed cyntaf i symud o dîm Prydeinig i dîm tramor yn 1957?

5. Pwy yw awdur y nofelau *Casglwr* a *Lladdwr*?

6. Enw ci Tintin yn y cyfrolau Cymraeg diweddaraf yw Milyn. Beth oedd ei enw yn y cyfrolau cynharaf a gyhoeddwyd gan Wasg y Dref Wen?
   a. Smwtyn   b. Pero   c. Smot

7. Beth oedd enw'r pensaer a gynlluniodd y Statue of Liberty?

8. Mathau o beth yw *espadrilles*?

9. Ar lan pa afon mae dinas Madrid?

10. Ym mha wlad mae tref Waterloo?

11. Pwy oedd awdur yr hunangofiant *Afal Drwg Adda*?

12. Ym mha ddinas y traddododd Martin Luther King yr araith 'I Have a Dream'?

13. Beth yw enw cymeriad Matthew Rhys yn y gyfres *Brothers and Sisters*?

14. Beth oedd cân gyntaf y grŵp pop Catatonia i gyrraedd y deg ucha' yn y Siartiau Pop Prydeinig yn 1998?

15. Fel pwy y mae Thomas Woodward yn fwy adnabyddus?

16. Sawl ochr sydd gan drapesiwm?
    a. Dwy b. Tair c. Pedair

17. Pwy oedd arweinydd y Democratiaid Rhyddfrydol yng Nghymru rhwng Richard Livsey a Mike German?

18. Beth oedd y gân gyntaf gan Elvis Presley i gyrraedd rhif un yn y siartiau Prydeinig?

19. Pa liw yw tafod y ci Tsieineaidd y Chow Chow?

20. Beth yw enw'r ffilm sydd wedi ei lleoli yn Abertawe gyda Peter Sellers yn chwarae rhan llyfrgellydd sydd wedi diflasu ar ei swydd?

21. Pwy oedd y person cyfoethocaf yn y byd yn 2011?

22. Pa ffatri fu'n rhan o fywyd Merthyr Tudful rhwng 1948 a 2009?

23. Pa actores, a seren ffilmiau megis *All About Eve*, *Whatever Happened to Baby Jane* a *Now Voyager*, ymwelodd â'i pherthnasau yn y Rhondda yn 1975?

24. Beth ddyfeisiodd y peiriannydd Ffrengig Louis Réard yn 1946?

25. Beth oedd enw'r ffotograffydd rhyfel a anwyd yn Rhuddlan ac a fu farw yn 2008?

Atebion Cwis 25

1. Tîm Prifysgol Llanbedr Pont Steffan, a sefydlwyd yn 1850
2. Dyfnder
3. Maureen Rees
4. John Charles
5. Llion Iwan
6. Smwtyn
7. Frédéric Bartholdi
8. Esgidiau
9. Manzanares
10. Gwlad Belg
11. Caradog Prichard
12. Washington D.C.
13. Kevin Walker
14. 'Mulder and Scully'
15. Tom Jones
16. Pedair
17. Lembit Opik
18. 'All Shook Up'
19. Glasddu
20. *Only Two Can Play*
21. Carlos Slim Helú, sef pennaeth Telmex
22. Ffatri Hoover
23. Bette Davis
24. Y bicini
25. Philip Jones Griffiths

Cwis 26

1. Beth ydych chi'n ei ofni os ydych yn dioddef o *aurophobia*?

2. Ym myd Fformiwla 1, pwy oedd yn cael ei alw 'The Professor'?

3. Beth yw iaith swyddogol Ghana?

4. Beth oedd enw'r chwaraewr pêl-droed a gafodd 47 cap i Gymru ac a fu farw ar ôl chwarae dros Lanelli yn erbyn Porthcawl yn 1998?

5. Pwy yw awdur y gyfrol o straeon byrion *Awr y Locustiaid*?

6. Pa fudiad a sefydlwyd yn y Parc ger y Bala yn 1967?

7. Pwy oedd cyflwynydd y rhaglen *Question Time* rhwng 1979 ac 1989?

8. Beth yw prifddinas Chile?

9. Ym mha dref y ganwyd Gwynfor Evans, y nofiwr David Davies a mam y digrifwr Bob Hope?

10. Pa nofel Gymraeg enwog gafodd ei chyfieithu i'r iaith Roeg o dan y teitl *Mia vuxta me feggapi*?

11. Beth oedd enw'r prifardd oedd yn gyfaill i Augustus John, Maurice Chevalier, Édith Piaf a Pablo Picasso?
    a. Hwfa Môn
    b. Elfed
    c. Eluned Phillips

12. Pa Gymro enillodd Chwaraewr PFA y Flwyddyn ddwy waith, y tro cyntaf yn nhymor 1988-89 a'r eildro yn 1990-91?

13. Pwy ysgrifennodd y ddrama gerdd *Oliver*?
    a. Andrew Lloyd Webber
    b. Leonard Bernstein
    c. Lionel Bart

14. Pa elfen sydd â'r dargludiad trydanol uchaf?

15. Ym mha wlad mae'r Angel Falls?

16. Beth oedd enw cyn-fwtler y Dywysoges Diana a ysgrifennodd lyfr am ei brofiadau o dan y teitl *A Royal Duty*?

17. Pwy ymunodd â Fay Wray ar ben yr Empire State Building yn 1933?

18. Pwy yw cyfansoddwr yr 'Adagio for Strings'?

19. Sawl pâr o linellau cyfochrog sydd gan baralelogram?

20. Beth oedd teitl y ffilm a ryddhawyd yn 1959 yn adrodd hanes merch fach yn ne Cymru a welodd fenyw yn cael ei lladd, ond a ddaeth yn agos at y llofrudd wedyn?

21. Enwau cyntaf pa wleidydd yw Anthony Neil Wedgwood?

22. Pa ddrama gerdd sydd wedi ei seilio ar gyfrol o farddoniaeth gan T. S. Eliot?

23. Pwy greodd y wlad Hav yn ei nofel *Last Letters from Hav* yn 1985?

24. Ymhle yr agorwyd siop gyntaf Laura Ashley?
    a. Pimlico
    b. Machynlleth
    c. Carno

25. Ymhle y cynhaliwyd protest gyhoeddus gyntaf Cymdeithas yr Iaith yn 1962?

Atebion Cwis 26

1. Aur
2. Alain Prost
3. Saesneg
4. Robbie James
5. Fflur Dafydd
6. Merched y Wawr
7. Syr Robin Day
8. Santiago
9. Y Barri
10. *Un Nos Ola Leuad*
11. Eluned Phillips
12. Mark Hughes
13. Lionel Bart
14. Arian
15. Venezuela
16. Paul Burrell
17. King Kong
18. Samuel Barber
19. Dau bâr
20. *Tiger Bay*
21. Tony Benn
22. *Cats*
23. Jan Morris
24. Machynlleth
25. Pont Trefechan, Aberystwyth

1. Pwy fu'n arwr adeg Trychineb Awyr Munich yn 1958, ac a ddaeth wedyn yn rheolwr tîm pêl-droed Abertawe rhwng 1972 ac 1975?

2. Ym mha stryd y ganwyd Dylan Thomas yn Abertawe?

3. Sawl Cymro sydd wedi ennill Chwaraewr PFA y Flwyddyn ers iddo gychwyn yn nhymor 1973-74?

4. Sawl cornel sydd gan bentagon?

5. Pwy ysgrifennodd am *The Old Patagonian Express* yn 1979?

6. Ym mha faes y mae'r 'Bishop's Score' a'r 'Apgar Score' yn berthnasol?

7. Beth mae'r gair *marmite* yn ei olygu yn y Ffrangeg?

8. Beth oedd teitl llyfr cyntaf Roald Dahl i blant yn 1961?

9. Ym mha ddegawd yr agorwyd y drafford gynta' ym Mhrydain, y daeth Fidel Castro i rym yng Nghuba, ac y bu Winston Churchill yn Brif Weinidog am bedair blynedd?

10. Â pha fath o gŵn y rhannodd yr actor Ioan Gruffudd y sgrîn fawr yn y flwyddyn 2000?

11. Beth oedd y rhif ar y plât cofrestru cyntaf erioed ym Mhrydain yn 1903?

12. *Xylonite* oedd yr enw cyntaf ar ba ddeunydd cyffredin?

13. O ba goeden y daw'r hadau a ddefnyddir i wneud siocled?

14. Pa wobrau rhyngwladol pwysig a gyflwynwyd am y tro cyntaf yn 1901?

15. Pa siop a agorodd am y tro cyntaf yn St Albans yn 1947, gyda'i henw yn defnyddio ambell i lythyren o enwau'r cyfanwerthwr T. E. Stockwell, ac enw'r sylfaenydd Jack Cohen?

16. Yfwyr coffi pa wlad sy'n yfed pum paned o goffi yr un bob dydd ar gyfartaledd?
    a. Ffrainc b. Y Ffindir c. Moroco

17. Beth oedd enw cymeriad Siôn Probert yn y ffilm *Grand Slam*?

18. Beth gyflwynodd Jean Nicot i Ffrainc o Bortiwgal yn 1561?

19. Pa fenyw oedd golygydd *Y Faner* rhwng 1979 ac 1982?

20. Yn yr Eidal, sut mae teuluoedd yn cyhoeddi bod babi newydd wedi ei eni i'r teulu?

21. Beth yw enwau cyntaf J. K. Rowling?

22. Baner pa wlad a gynlluniwyd gan Evan Evans o Lanrhystud ar ôl iddo ymfudo yno ac agor siop yn gwerthu baneri?
    a. Yr Unol Daleithiau   b. Canada   c. Awstralia

23. Pa offeryn roedd Sherlock Holmes yn ei chwarae?

24. Arglwydd pa ranbarth o Forgannwg oedd Ifor Bach?

25. Trydydd albwm pa gantores oedd *Living a Dream*?

Atebion Cwis 27

1. Harry Gregg
2. Cwmdonkin Drive, rhif 5
3. Pedwar, sef Ian Rush, Mark Hughes ddwywaith, Ryan Giggs a Gareth Bale
4. Pump
5. Paul Theroux
6. Bydwreigiaeth. Mae'r 'Bishop's Score' yn mesur tebygolrwydd esgor yn fuan a'r 'Apgar Score' yn mesur iechyd y babi yn syth ar ôl ei eni.
7. Pot mawr i goginio, fel y gwelir ar y label
8. *James and the Giant Peach*
9. Y pum degau
10. Dalmatians
11. Al
12. Plastig
13. Cacao
14. Gwobrau Nobel
15. Tesco
16. Y Ffindir
17. Maldwyn Novello Pugh
18. Tybaco; o'r enw hwn daw'r gair *nicotine*
19. Jennie Eirian Davies
20. Gosod rhuban ar ddrws y tŷ, ac mae lliw'r rhuban yn dangos ai bachgen neu ferch a aned
21. Joanne Kathleen
22. Awstralia
23. Ffidil
24. Senghennydd
25. Katherine Jenkins

1. Pwy oedd yn actio'r cymeriad Jacob Ellis yn y gyfres *Pobol y Cwm*?

2. Am beth roedd Clarence Birdseye yn enwog?

3. Pwy ganodd am y 'Rhinestone Cowboy'?

4. Yn ôl y sôn, beth sydd dros 4,000 o flynyddoedd oed ym mhentref Llangernyw yng Nghlwyd?

5. Beth yw'r cyfieithiad o'r term Gaeleg *uisge beatha*?

6. Beth oedd mor arbennig am y *Champ d'Oiseau* ym Mharis yn 1765?

7. Â beth y cysylltir y termau canlynol – *cambré, entrechat, sauté* a *sur les pointes*?

8. Pa grŵp oedd yn *Rhedeg rhag y Torpidos*?

9. Fel pwy ry'n ni'n fwy cyfarwydd ag Edson Arantes do Nascimento?

10. Pa siâp yw'r darn hanner can ceiniog a'r darn ugain ceiniog?

11. Pwy ysgrifennodd y ddrama *The Mousetrap* a lwyfanwyd yn ddi-dor yn y West End er 1952?

12. Barcelona yw prifddinas pa ranbarth o Sbaen?

13. Pwy oedd Bardd Cenedlaethol cyntaf Cymru?
    a. Dylan Thomas
    b. Gwyneth Lewis
    c. T. H. Parry-Williams

14. Beth yw ystyr lythrennol y gair *biscuit*?

15. Pa fath o gar oedd John F. Kennedy yn teithio ynddo pan gafodd ei saethu yn Dallas yn 1963?

16. Pwy oedd y fenyw gyntaf i fod yn brif weinidog ar wlad yn Ewrop?

17. Pwy sy'n canu am 'Giatia' Graceland' ac am y 'Sipsi Fechan'?

18. Â pha bentre yng Nghwm Gwendraeth y cysylltir y gweinidog dadleuol Tom Nefyn?

19. Fel pwy oedd Augusta Waddington Hall, un o noddwyr amlycaf y diwylliant gwerin Cymreig, yn adnabyddus?

20. Beth yw prifddinas Ynys Guernsey?

21. Ym mha dref yng Nghymru y ganwyd Rhys Ifans, yr actor Christian Bale a'r pêl-droediwr Simon Davies?

22. Beth yw enw'r siop lyfrau Gymraeg fodern gyntaf yn Aberystwyth?

23. Pa draffordd sy'n mynd o Birmingham i Fryste ac ymlaen i Exeter?

24. Pa un o arweinwyr y Diwygiad Methodistaidd a anwyd yn Nhalgarth, Sir Frycheiniog?

25. Pwy oedd partner yr actores Myfanwy Talog rhwng 1977 a'i marwolaeth yn 1995?

Atebion Cwis 28

1. Dillwyn Owen
2. Ef oedd sylfaenydd dulliau modern o rewi bwyd
3. Glen Campbell
4. Coeden ywen
5. Dŵr bywyd, dyna darddiad yr enw 'wisgi'
6. Dyna'r bwyty cyntaf yn yr ystyr fodern
7. Byd y bale
8. Y Trwynau Coch
9. Pelé
10. Heptagon neu septagon – saith ochr
11. Agatha Christie
12. Catalonia
13. Gwyneth Lewis
14. Wedi ei goginio ddwywaith
15. Lincoln Continental
16. Margaret Thatcher
17. John ac Alun
18. Y Tymbl
19. 'Gwenynen Gwent' neu Iarlles Llanofer
20. St Peter Port
21. Hwlffordd
22. Siop y Pethe
23. Yr M5
24. Howell Harris
25. Syr David Jason

Cwis 29

1. Pa Brif Weinidog oedd yn cefnogi tîm pêl-droed Huddersfield Town?

2. Pwy laniodd ym Maes Awyr Prestwick yn yr Alban ar Fawrth y 3ydd 1960, yr unig dro iddo ymweld â Phrydain?

3. Pwy oedd yn actio rhan yr Ail Lais yn y fersiwn ffilm o *Under Milk Wood* yn 1972? Ryan Davies, Anthony Hopkins, neu Richard Burton?

4. Beth oedd Brenin Siôr VI yn cael ei alw oddi mewn i'r teulu?

5. Beth oedd enw'r ysgol uwchradd i ferched yn Nolgellau a gaewyd yn 1975?

6. Pa yrrwr fu'n bencampwr Fformiwla 1 mewn saith tymor gwahanol rhwng 1994 a 2004?

7. Beth oedd enw'r baswr o Bennal ger Machynlleth a enillodd y Rhuban Glas ddwywaith yn 1952 ac 1955?

8. Pwy yw awdur y gerdd am afon Teifi a boblogeiddiwyd gan Hogia'r Wyddfa?

9. Ym mis Chwefror 1804, cafwyd y daith drên gyntaf yn y byd, ar Reilffordd Gwaith Haearn Penydarren ym Merthyr. Pwy adeiladodd y locomotif ager?

10. Pwy sgoriodd gais i Gymru 33 eiliad i mewn i'r gêm yn erbyn Iwerddon yn 1997?

11. Fel beth ry'n ni'n fwy cyfarwydd â'r perlysieuyn *Crocus sativus*?

12. Beth yw'r afon hiraf yn yr Unol Daleithiau?

13. Pwy oedd awdur y nofel *Les Misérables*?

14. Pwy oedd awdur 'Cywydd y Gal', 'Y Rhugl Groen' a 'Trafferth Mewn Tafarn'?

15. Mewn sgets o'r *Frost Report* yn y chwe degau, roedd John Cleese yn cynrychioli'r dosbarth uchaf, a Ronnie Corbett y dosbarth gweithiol. Pwy oedd yn cynrychioli'r dosbarth canol?

16. Beth yw chwarter 1,300?

17. Ar wahân i greision ŷd, pa rawnfwyd arall a allforiwyd gan Kellogg i Brydain yn 1922?

18. Yng nghanol pa fynyddoedd mae tywysogaeth Andorra?

19. Pwy ddilynodd David Coleman fel prif gyflwynydd *Grandstand*?

20. Faint o bobl oedd yn bresennol yn y Swper Olaf?

21. Ym mha wlad y ganwyd Spike Milligan?
    a. Zanzibar
    b. Burma
    c. India

22. Pwy oedd y Brodyr Bach?

23. Beth yw prif gynhwysyn ffagots?

24. Hunangofiant pwy yw *Y Dyn 'i Hun*?

25. Ym mha bentref glan môr y lleolwyd Gwesty'r Urdd, Pantyfedwen, am gyfnod?

Cwis 30

1. Pwy oedd cyflwynydd y rhaglen *Sosban* ar Radio Cymru?

2. Pwy oedd seren y ffilmiau *Oh, Mr Porter!* a *The Black Sheep of Whitehall*?

3. Pa gwmni sefydlodd Terence Conran yn 1971?

4. I ba wlad mae'r chwaraewr pêl-droed Didier Drogba yn chwarae?

5. Beth oedd enw'r ransh yn y gyfres deledu *Bonanza*?

6. Beth oedd enw'r rhaglen deledu yn y saith degau lle y gwelwyd y cymeriadau Syr Wynff ap Concord y Bos a Phlwmsan am y tro cyntaf?
   a. *Miri Mawr*   b. *Teliffant*   c. *Telewele*

7. Beth oedd enw partner enwoca' Fred Astaire, a oedd o dras Gymreig?

8. Pwy oedd awdur y nofel *Frankenstein; or, The Modern Prometheus* a gyhoeddwyd yn 1818?

9. Pa brifardd, awdur, ysgolhaig ac Aelod Seneddol Prifysgol Cymru a roes enwau Cymraeg ar strydoedd Rhiwbeina ger Caerdydd, pan oedd yn byw yno yn negawdau cynta'r ugeinfed ganrif?

10. Pa fardd ac awdur Gwyddelig fu'n byw am dair blynedd olaf ei fywyd yn Ffrainc, o dan yr enw Sebastien Melmoth?

11. Dros ba ddinas yn Ne America y mae'r cerflun *Crist y Gwaredwr* yn edrych?

12. Pa actor oedd maer Carmel-by-the-Sea yng Nghaliffornia rhwng 1986 ac 1988?

13. Ar ôl i Ffrainc ddangos anfodlonrwydd ynghylch ymosodiad yr Unol Daleithiau ar Irac yn 2003, newidiwyd y geiriau am sglodion o *french fries* i beth mewn rhai tai bwyta yn America?

14. Pa fath o fwyd yw *Bombay duck*?
    a. Hwyaden   b. Pysgodyn   c. Cyw iâr?

15. Ymddangosodd yr actor Matthew Rhys yn y bennod olaf erioed o gyfres deledu am dditectif hoffus dros ben. Beth oedd enw'r ditectif?

16. Pwy sydd ar goll – Dafydd Iwan, Huw Ceredig, Arthur Morus, ac...?

17. Beth oedd enw'r Dyn Dŵad a ddaeth lawr i Gaerdydd o'r Gogledd?

18. Prifddinas pa wlad yw Pyongyang?

19. Beth oedd enw tîm pêl-droed y Seintiau Newydd rhwng 1997 a 2006?

20. Pa gyfarfod cyntaf gafwyd yn Llanfairpwll ar Fedi yr 11eg, 1915?

21. O ble y daw'r Sioni Winwns?

22. Pwy oedd Prif Weinidog Israel rhwng 1969 ac 1974?

23. Pa anifail yw emblem New South Wales?

24. Beth oedd enw'r tedi panda unllygeidiog yn y rhaglen blant *Ffalabalam*?

25. Ar wahân i'r Daeargi Cymreig, pa ddaeargi arall gafodd ei ddatblygu yng Nghymru?

Atebion Cwis 30

1. Richard Rees
2. Will Hay
3. Habitat
4. Y Traeth Ifori
5. Ponderosa
6. *Teliffant*
7. Ginger Rogers
8. Mary Shelley
9. W. J. Gruffydd
10. Oscar Wilde
11. Rio de Janeiro
12. Clint Eastwood
13. *Freedom fries*
14. Pysgodyn wedi'i halltu
15. Columbo
16. Alun Ffred Jones
17. Goronwy Jones
18. Gogledd Corea
19. Total Network Solutions FC
20. Cyfarfod cynta' Sefydliad y Merched
21. Llydaw
22. Golda Meir
23. Yr hwyatbig (*platypus*)
24. Huwcyn
25. Daeargi Sealyham

1. Pa gerflunydd greodd feddrod Oscar Wilde ym mynwent Père Lachaise ym Mharis, a'r cerflun *Mawredd Crist* yn Eglwys Gadeiriol Llandaf?

2. Pwy oedd yn actio rhan Megan Harries ar *Pobol y Cwm*?

3. Cyhoeddwyd llyfr o'r enw *Llydaw* yn 1929. Pwy oedd yr awdur?

4. Beth oedd enw'r llong yr hwyliodd Capten Scott a'i griw ynddi i Begwn y De o Gaerdydd ar Fehefin y 15fed 1910?

5. Asunción yw prifddinas pa wlad yn Ne America?

6. Pwy yw'r cyfansoddwr o Gymru a gyfansoddodd yr anthem 'Let the People Praise Thee, O God' ar gyfer priodas y Tywysog Charles a Diana yn 1981?

7. Beth oedd enw trydydd Arlywydd yr Unol Daleithiau, yr oedd ei deulu yn hanu o ardal Eryri?

8. Sawl cân ganwyd gan Elvis Presley gyrhaeddodd Rif Un yn y siartiau Prydeinig rhwng 1957 a 2005?

9. Yn y ffilm *The Edge of Love*, pwy oedd yn chwarae rhan Caitlin, gwraig Dylan Thomas?

10. Ym mha wlad y cafodd Christopher Columbus ei eni?
    a. Portiwgal   b. Yr Eidal   c. Sbaen

11. Beth yw'r gair am 'heddwch' yn yr Hebraeg?

12. Pwy oedd y dramodydd a'r bardd a ysgrifennodd y ddrama ddadleuol *Cwm Glo* yn 1934?

13. Pa drychineb ddigwyddodd ar Hydref yr 21ain 1966?

14. Pa gyn-arweinydd y Blaid Lafur oedd yn briod â'r wneuthurwraig ffilmiau Jill Craigie?

15. Pwy yw golygydd y *Cydymaith i Lenyddiaeth Cymru*?

16. Pwy oedd capten tîm pêl-droed Ffrainc pan enillon nhw Gwpan y Byd yn 1998?

17. Pwy ganodd y gân '(Everything I Do) I Do It For You', a fu'n rhif un yn y siartiau Prydeinig am 16 wythnos?

18. Beth oedd enw'r gwleidydd a'r cyfreithiwr oedd yn frawd i'r bardd a'r llenor Dannie Abse?

19. Pa grŵp a ganodd y caneuon 'Cân i Gymry' a 'Dim Deddf, Dim Eiddo'?

20. Pwy fu'n edrych *Dros ei Sbectol* ar Radio Cymru?

21. Beth oedd yr hen enw ar Ethiopia?

22. O ba gân y daw'r geiriau hyn: 'Os treisiodd y gelyn fy ngwlad tan ei droed / Mae hen iaith y Cymry mor fyw ag erioed'?

23. Ym mhle yng Nghymru mae'r Bathdy Brenhinol?
a. Casnewydd   b. Abertawe   c. Llantrisant

24. Pa gerddor sydd ar gyfartaledd yn cael £60 y funud o freindal?

25. Ar ôl Mandarin a Saesneg, beth yw'r drydedd iaith fwya' poblogaidd yn y byd?

Atebion Cwis 31

1. Jacob Epstein
2. Lisabeth Miles
3. Ambrose Bebb
4. *Terra Nova*
5. Paraguay
6. William Mathias
7. Thomas Jefferson
8. Elvis Presley
9. Sienna Miller
10. Yr Eidal
11. Shalom
12. James Kitchener Davies
13. Trychineb Aberfan
14. Michael Foot
15. Meic Stephens
16. Didier Deschamps
17. Bryan Adams
18. Leo Abse
19. Datblygu
20. John Roberts Williams
21. Abyssinia
22. 'Hen Wlad Fy Nhadau'
23. Llantrisant
24. Syr Paul McCartney
25. Hindwstani; mae 497 miliwn o bobl yn ei siarad yn India a Phacistan

1. Pwy oedd cyfansoddwr yr opera *Blodwen* a'r emyn-dôn 'Aberystwyth'?

2. Rhys Ifans oedd un o'r *Ddau Frank*. Pwy oedd y llall?

3. Ar ôl marwolaeth pa Aelod Seneddol y cynhaliwyd is-etholiad Caerfyrddin yn 1966 pan enillodd Gwynfor Evans dros Blaid Cymru?

4. Pwy yw awdur y nofel *Gwen Tomos*?

5. Cartref pa wleidydd Americanaidd oedd Monticello?

6. Pa gymeriad oedd Harriet Lewis yn ei chwarae yn y gyfres *Pobol y Cwm*?

7. Pwy oedd prif leisydd yr Hwntws?

8. Pa gyflwynydd a newyddiadurwr dadleuol ac ymfflamychol a ymddeolodd o ddarlledu ar Radio Cymru yng Ngorffennaf 2011?

9. Beth oedd yr hen enw ar Sri Lanka?

10. Ymhle yng Nghymru mae'r Asiantaeth Trwyddedu Gyrwyr a Cherbydau?

11. Pa chwaraewr pêl-droed o Gymru a chwaraeodd dros Watford, Aston Villa, Norwich City, Millwall, Newcastle United a Stevenage Borough ac a gafodd 14 cap dros Gymru?

12. Yr enw Lladin yw *Apis mellifera*, ond beth yw'r enw cyffredin ar y trychfil hwn?

13. Yn ôl y sôn, mae'r siop recordiau hynaf yn y byd yng Nghymru ac fe'i hagorwyd yn 1894. Beth yw ei henw, a lle mae hi – ym Mhorthmadog, Bangor, neu Gaerdydd?

14. Beth ddechreuodd yn siop fara Thomas Farriner yn Pudding Lane, Llundain yn ystod yr ail ganrif ar bymtheg?

15. Pa ganwr o Gaerdydd a gafodd bedwar rhif un yn y siartiau yn ystod yr wyth degau a 15 cân yn y Deg Uchaf?

16. Pam mae Diane Abbott mor bwysig yn hanes gwleidyddiaeth ym Mhrydain?

17. Sut y cyfeirir at John Merrick (1862-1890)?

18. Pwy yw cyfansoddwr yr emyn-dôn 'Tydi a roddaist'?

19. Pa Gymro fu'n weinidog ar Gapel Westminster yn Llundain rhwng 1938 a 1968?

20. Pa bentre' yn y Rhondda a gafodd yr enw Little Moscow gan y wasg ar ôl Streic Gyffredinol 1926?

21. Pwy oedd awdur y nofel *Marged* a gyhoeddwyd yn 1974?

22. Pa focsiwr o Gymru oedd yn cael ei alw 'The Mighty Atom'?

23. Cod ffôn pa ardal yng Nghymru yw 01248?

24. Ar ben pa fryn yng Nghymru mae'r *camera obscura* mwyaf yn y byd?

25. Pwy oedd maer Llundain cyn Boris Johnson?

Atebion Cwis 32

1. Joseph Parry
2. Meirion Davies
3. Megan Lloyd George
4. Daniel Owen
5. Thomas Jefferson
6. Magi Mathias, Magi Tushingham neu Magi Post
7. Gregg Lynn
8. Gwilym Owen
9. Ceylon
10. Abertawe
11. Malcolm Allen
12. Gwenynen fêl
13. Spillers, yng Nghaerdydd
14. Tân Mawr Llundain, ar Fedi'r 5ed 1666
15. Shakin' Stevens
16. Hi oedd y ddynes ddu gynta' i gael ei hethol i Dŷ'r Cyffredin.
17. The Elephant Man
18. Arwel Hughes
19. Dr Martyn Lloyd-Jones
20. Y Maerdy
21. T. Glynne Davies
22. Jimmy Wilde
23. Bangor
24. Constitution Hill yn Aberystwyth
25. Ken Livingstone

1. Beth oedd yr hen enw ar Wlad Thai cyn Gorffennaf 1949?

2. Gyda pha grŵp pop yr arferai'r actor Brian Hibbard ganu?

3. Pa brifardd ac Archdderwydd rhwng 1924 ac 1928 sy'n gyfrifol am y geiriau hyn: 'Rho im yr hedd na ŵyr y byd amdano, / hedd, nefol hedd, a ddaeth drwy ddwyfol loes'?

4. Pa actor theatrig enwog ddywedodd wrth Richard Burton, 'You must decide whether you want to be an actor or a household name', ac a gafodd yr ymateb 'Both' gan Burton?

5. Pa dîm pêl-droed sydd wedi ennill Cwpan yr FA y mwyaf o weithiau?

6. Pwy ddaeth yn arweinydd y Blaid Lafur ar ôl Neil Kinnock yn 1992?

7. Ym mha ddinas Almaenig y sefydlwyd y Blaid Natsïaidd yn 1919?
   a. Berlin   b. Munich   c. Frankfurt

8. Pa ryfel sy'n gefndir i'r ffilm *Gone with the Wind*?

9. Talfyriad o beth oedd 'Al' yn enw Al Capone?
   a. Alphonse   b. Alfredo   c. Alonzo

10. Ym mha ddinas ym Mhrydain mae'r Gorbals?

11. Cyfenw pa unben oedd Dada?

12. Pa artist beintiodd lun y *Blodau Haul*?

13. Mathau o ba ffrwyth yw Alicante a'r Marmande

14. Pa anifail ganodd am 'Ffair Caerdydd'?

15. Prifddinas pa wlad yn Ewrop yw Tirana?

16. Beth ydych chi'n ei ofni os ydych yn dioddef o *dipsophobia*?

17. Beth yw enw'r brîd lleiaf o gi?

18. Beth oedd enw'r nyrs o'r Bala oedd yn cydweithio â Florence Nightingale yn ystod Rhyfel y Crimea?
a. Betsi   b. Nansi   c. Dilys

19. O ba dref yng Nghwm Tawe y daw Archesgob Caergaint, Rowan Williams?

20. Pa Arlywydd Americanaidd yw'r unig un sydd wedi cael ysgariad?

21. Beth oedd enw'r cylchgrawn pop Cymraeg a sefydlwyd gan Glyn Tomos?

22. Beth ddyfeisiodd Earl Silas Tupper yn 1946?

23. Prifathro pa goleg yng Nghymru oedd y cyn-filwr Dr Jim Davies?

24. Pwy oedd awdur a golygydd *Yr Odliadur*?

25. Banana a thaffi yw prif gynhwysion pa fath o bastai melys?

Atebion Cwis 33

1. Siam
2. The Flying Pickets
3. Elfed
4. Laurence Olivier
5. Manchester United, un ar ddeg o weithiau
6. John Smith
7. Munich
8. Rhyfel Cartref America
9. Alphonse
10. Glasgow
11. Idi Amin yn Uganda
12. Vincent Van Gogh
13. Tomato
14. Grŵp pop, Eliffant
15. Albania
16. Yfed
17. Chihuahua
18. Cadwaladr
19. Ystradgynlais
20. Ronald Reagan, pan ysgarodd â Jane Wyman yn 1949
21. *Sgrech*
22. Tupperware
23. Coleg Normal Bangor
24. Roy Stephens
25. *Banoffee*

Cwis 34

1. Pwy oedd arweinydd cyntaf yr SDP?

2. Pa actores Americanaidd sy'n enwog am ei rhannau yn y ffilmiau *Private Benjamin* a *Housesitter*, ac a ymwelodd â Chastell Cyfarthfa ger Merthyr yn 1995?

3. Pa Wyddel enillodd y Tour de France yn 1987?

4. Ym mha dref arfordirol yng Nghymru yr arferai Neuadd y Brenin sefyll?

5. Ar ôl Rwsia, pa un yw'r wlad fwyaf yn Ewrop?

6. Pa seren ffilmiau o'r Unol Daleithiau fu'n mwynhau antur drwy hwylio ar gamlas Llangollen yn 2004?

7. Pwy briododd Jackie Kennedy yn 1968?

8. Pa fath o gig sydd mewn cawl *cock-a-leekie* o'r Alban?
   a. Cig eidion   b. Cig moch   c. Cyw iâr?

9. Ymhle y lladdwyd y darganfyddwr Capten Cook?

10. Pa weinidog yr efengyl a phrifardd a ysgrifennodd y gerdd 'Yn Ninas Diniweidrwydd'?

11. Pwy oedd golygydd y cylchgrawn *Y Frythones* i ferched rhwng 1878 ac 1891?

12. Pwy oedd yn actio rhan Stan Bevan yn yr opera sebon *Pobol y Cwm*?

13. Pa aelod o'r Teulu Brenhinol ddywedodd am y canwr Tom Jones, 'He's made a million and he's a bloody awful singer'?

14. Pa anifail a gofnodwyd ei fod wedi byw am 152 o flynyddoedd?
    a. Crwban   b. Mwnci   c. Eliffant

15. Beth yw'r unig gyhyr yn y corff sydd wedi ei gysylltu ar un pen yn unig?

16. Ym mha wlad ar gyfandir Affrica mae tarddiad Afon Zambezi?

17. Yn Pontedassio yn yr Eidal mae yna amgueddfa yn olrhain hanes pa fath o fwyd?

18. Beth yw'r gwahaniaeth rhwng Swydd Dyfnaint a holl siroedd eraill Lloegr?

19. Cyfansoddwyd cerddoriaeth yr anthem genedlaethol hynaf yn y byd yn 1572 a'r geiriau yn 1590. I ba wlad y mae'n perthyn a beth yw enw'r anthem?

20. Pa focsiwr enwog sydd wedi rhoi ei enw bedydd ei hun i bump o'i feibion?

21. Enw iawn pa unben oedd Iosif Vissarionovich Dzhugashvili?

22. Beth yw chwarter 360?

23. Ym mha ddegawd o'r ganrif ddiwethaf y ganwyd Judy Garland, Margaret Thatcher a'r hanesydd Gwyn Alf Williams?

24. Pa offeryn cerdd roedd Andrés Segovia yn enwog am ei ganu?

25. Ym mha flwyddyn yr agorwyd Canolfan y Mileniwm yng Nghaerdydd?

Atebion Cwis 34

1. Roy Jenkins
2. Goldie Hawn
3. Stephen Roche
4. Aberystwyth
5. Wcráin
6. Harrison Ford
7. Aristotle Onassis
8. Cyw iâr
9. Hawaii
10. Rhydwen Williams
11. 'Cranogwen' neu Sarah Jane Rees
12. Phylip Hughes
13. Y Tywysog Philip
14. Crwban
15. Y tafod
16. Zambia
17. Sbageti neu basta
18. Yr unig sir â dau arfordir nad ydynt yn cyffwrdd â'i gilydd
19. Yr Iseldiroedd. 'Het Wilhelmus' yw enw'r anthem
20. George Foreman – George yw enw pump o'i feibion hefyd, ond mae ganddo lysenwau gwahanol ar eu cyfer.
21. Stalin
22. 90
23. Y dau ddegau
24. Y gitâr clasurol
25. 2004

1. Beth oedd enw'r bwyty cyntaf i'r Brodyr Roux ei agor yn Llundain?

2. Pa awdur o Gasnewydd a ysgrifennodd y nofel *The Virgin Soldiers*?

3. Beth yw'r enw Cymraeg am bentre' Seven Sisters yn ne Cymru?

4. Beth yw'r wlad fwyaf yn y byd nad oes ganddi unrhyw arfordir?

5. Yr un ystyr sydd i 'Dublin' ag i enw Saesneg tref lan môr boblogaidd yn Lloegr. Beth yw'r ystyr a'r enw?

6. Pwy oedd arweinydd mudiad y suffragettes?

7. Ym mha nofel gan Victor Hugo y cafwyd y frawddeg hiraf erioed ac ynddi 823 o eiriau?

8. Fel pwy ydyn ni'n fwy cyfarwydd â Gaynor Hopkins o Sgiwen?

9. Geiriau olaf pa actor Americanaidd oedd 'I should never have switched from Scotch to Martinis'?

10. Pwy beintiodd y darlun enwog *Salem*?

11. O ba wlad y daw'r chwaraewr tennis Novak Djokovic?

12. Mae'r 'Hebrides Overture' gan Mendelssohn hefyd yn cael ei adnabod fel pa le daearyddol ar Ynysoedd Hebrides?

13. Beth yw enw fferm prif gymeriad y nofel *Cysgod y Cryman* gan Islwyn Ffowc Elis?

14. Pa actor safodd dros Blaid Cymru yn etholaeth Dinbych yn Etholiad 1966?

15. Ym mynwent pa eglwys yng Nghymru mae'r Ywen Waedlyd?

16. Beth yw enw'r gantores o Lanerfyl oedd hefyd yn brif leisydd i'r band Bwchadanas?

17. Ym mha ddrama gan Arthur Miller ry'n ni'n cwrdd â Willy Loman?

18. Beth yw'r atyniad twristaidd mwyaf poblogaidd yn Zambia?

19. Mathau o ba ffrwyth yw Black Amish, Cheddar Cross a Jersey Mac?

20. Pa un o aelodau amlwg y Blaid Natsïaidd oedd pennaeth y Luftwaffe yn ystod yr Ail Ryfel Byd?

21. Pwy yw awdur y nofelau *The Rainmaker*, *The Client* a *The Firm*?

22. Pwy oedd yn actio'r prif gymeriad yn y comedi sefyllfa *Shelley*?

23. Sawl chwaraewr sydd mewn tîm Pêl-droed Americanaidd?

24. Pwy sy'n cyflwyno'r rhaglen *Cofio* ar Radio Cymru?

25. Ble chwalwyd y glwyd gyntaf gan Ferched Beca ar Fai y 13eg 1839?
    a. Crymych   b. Llanglydwen   c. Efailwen

Atebion Cwis 35

1. Le Gavroche
2. Leslie Thomas
3. Blaendulais
4. Mongolia
5. Pwll du/Blackpool
6. Emmeline Pankhurst
7. *Les Misérables*
8. Bonnie Tyler
9. Humphrey Bogart
10. Sydney Curnow Vosper
11. Serbia
12. Ogof Fingal
13. Lleifior
14. Meredith Edwards
15. Nanhyfer
16. Siân James
17. *Death of a Salesman*
18. Rhaeadr Victoria
19. Afalau
20. Hermann Goering
21. John Grisham
22. Hywel Bennett
23. Un ar ddeg
24. John Hardy
25. Efailwen

1. Daeth y darlun *Salem* yn boblogaidd ym Mhrydain trwy fasnachu pa gynnyrch?

2. Pwy yw awdur *The Da Vinci Code*?
   a. Derek Brown
   b. Dan Brown
   c. John Brown

3. Beth yw enw'r artist cyfoethocaf yn y byd, sy'n wreiddiol o Bort Talbot ac a gafodd ei gyfle cyntaf drwy ennill y Fedal Aur yn yr Eisteddfod Genedlaethol?

4. Beth oedd enw'r ferch o Bort Talbot a enillodd y gystadleuaeth Miss Cymru yn 2011?

5. Pa mor hen oedd y papur newydd *News of the World* pan ddaeth i ben yng Ngorffennaf 2011?

6. Beth yw prifddinas De Swdan?

7. Pa siop ddillad stryd fawr a gydsefydlwyd gan y cynllunydd dillad Jeff Banks yn y saith degau?

8. Ym mha flwyddyn y rhoddwyd statws prifddinas i Gaerdydd?

9. Pwy yw awdur y gerdd 'Mewn Dau Gae'?

10. O'i hwyth priodas, sawl gwaith y bu Elizabeth Taylor yn weddw?

11. Nofel gyntaf pa awdur Eingl-Gymreig oedd *Rhondda Roundabout*, a gyhoeddwyd yn 1934?

12. Pa gân boblogaidd Gymreig a gyhoeddwyd yn y *Cambrian Daily Reader* ar Chwefror yr 22ain 1896?

13. Ym mha ysgol breswyl y bu Carwyn James a Huw Llywelyn Davies yn athrawon Cymraeg?

14. Pa ddarlithydd Cymraeg o Brifysgol Aberystwyth

a ddysgodd Gymraeg i Dywysog Cymru cyn yr Arwisgo yn 1969?

15. Pa grŵp pop Cymraeg oedd yn rhannu'r un enw â chyn-Ysgrifennydd Cyffredinol y Cenhedloedd Unedig?

16. Pa blaned yw'r ddisgleiriaf i'r llygad?

17. Mewn rhifolion Rhufeinig, faint yw gwerth L?

18. Beth yw prifddinas talaith Pennsylfania yn yr Unol Daleithiau?

19. Pa wlad sydd i'r dwyrain o Ynys Corsica?

20. Beth yw enw merch gynta'r Beckhams?

21. Pa ynys sydd yn enw ar fath o win a chacen?

22. Pa fath o ddefnydd yw Bakelite?

23. Beth yw rhif ffôn argyfwng yr Unol Daleithiau?

24. I ba deulu o lysiau y perthyn persli?
    a. Moron
    b. Winwns
    c. Tomato

25. Ym mha wlad mae Ynys Komodo, lle mae'r fadfall drymaf yn y byd yn byw?

Atebion Cwis 36

1. Sebon Sunlight gan y Brodyr Lever
2. Dan Brown
3. Andrew Vicari
4. Sara Manchipp
5. 168 oed
6. Juba
7. Warehouse
8. 1955
9. Waldo Williams
10. Unwaith ar ôl marwolaeth Mike Todd
11. Jack Jones
12. 'Sosban Fach'
13. Coleg Llanymddyfri
14. Dr E. G. (Tedi) Millward
15. U Thant
16. Gwener
17. 50
18. Harrisburg
19. Yr Eidal
20. Harper Seven
21. Madeira
22. Plastig
23. 911
24. Moron
25. Indonesia

Cwis 37

1. Ym mha ran o'r corff mae'r *brachialis*?

2. Beth oedd enw Comisiynydd yr Heddlu Metropolitan yn Llundain a ymddiswyddodd yng Ngorffennaf 2011 yn dilyn sgandal glustfeinio'r *News of the World*?

3. O ba iaith y daw'r gair algebra?
   a. Groeg   b. Arabeg   c. Lladin

4. Beth yw'r enw cemegol am Fitamin B1?

5. Beth oedd enw cymeriad Gaynor Morgan Rees yn y gomedi deledu *Fo a Fe*?

6. Pa berthynas i chi fyddai 'bopa'?

7. Pwy oedd y chwaraewr pêl-droed cyntaf i gael ei ddanfon o'r cae mewn gêm ryngwladol dros Gymru yn 1973?

8. Anthem pa wlad yng ngogledd Ewrop yw 'Ja, vi elsker dette landet'?

9. Fel pwy y bydden ni'n fwy cyfarwydd â Kal-El?
   a. Osama Bin Laden   b. Barack Obama   c. Superman

10. Pwy oedd y fenyw gyntaf i fod yn Ysgrifennydd Gwladol dros Gymru?

11. Pa fath o anifeiliaid yw'r Alpine Dachsbrake, yr Harrier a'r Phalène?

12. Ar ba raglen roedd y cymeriadau Mulder a Scully yn ymddangos?

13. O ba bysgodyn y daw'r danteithfwyd cafiâr?

14. Beth yw'r enw ar y weiren fach mewn bylb trydan?

15. Ym mha ryfel y cafwyd Brwydr Jutland?

16. Pa blaid a sefydlwyd gan Arthur Griffin yn 1902?
    a. Y Blaid Lafur b. Y Blaid Gomiwnyddol c. Sinn Fein

17. Ym mha iard longau yn yr Alban yr adeiladwyd y *QE2*
    a'r *Queen Mary*?

18. Roedd y Cymro, Green Gartside yn brif ganwr gyda
    pha grŵp pop Seisnig a sefydlwyd yn 1977?

19. O ba wlad y daw'r rhedwr Usain Bolt?

20. Ffilm gyntaf pa actores oedd *Tiger Bay* yn 1959?

21. Fel beth y bydden ni'n fwy cyfarwydd â Svenska
    Aeroplan Aktiebolaget?

22. Ymhle y ganwyd yr hanesydd Dr John Davies?
    a. Bwlch-llan b. Y Rhondda c. Aberystwyth

23. Pa artist o Gymru oedd yn gariad i'r cerflunydd
    Auguste Rodin, ac a fu farw yn Dieppe yn 1938?

24. Pren o ba goeden a ddefnyddir yn draddodiadol i
    wneud allweddellau piano?

25. Pa gnau a ddefnyddir mewn saws *pesto*?

Atebion Cwis 37

1. Pa ŵyl gerddorol flynyddol sy'n cael ei chynnal ger Lewes yn Nwyrain Sussex ac a ddechreuodd yn 1934?

2. Beth yw enw'r ardal feteorolegol o'r môr rhwng Cymru ac Iwerddon?
   a. Bae Ceredigion   b. Môr Iwerydd   c. Môr Iwerddon

3. Pwy oedd Scarface?

4. Yn erbyn pwy yr oedd Prydain a Ffrainc yn ymladd adeg Rhyfel y Crimea rhwng 1853 ac 1856?

5. Pa fath o anifeiliaid yw'r Chantecler, y Marans a'r Cubalaya?

6. Ym mha alaeth mae'r Ddaear?

7. Mae cerrynt trydanol yn cael ei fesur mewn beth?
   a. Amplifiers   *b. Amperes*   *c. Amplitudes*

8. Pa fath o bysgodyn yw penci (*dogfish*)?

9. Er bod yr enw Fray Bentos yn cael ei gysylltu â bwyd tun, mae hefyd yn borthladd ym mha wlad yn Ne America?

10. Pa gymeriad mae David Suchet, Albert Finney a Peter Ustinov wedi ei actio?

11. Pwy oedd awdur y ddrama *Look Back in Anger*?

12. Pa label gerddorol a sefydlwyd gan Richard a Wyn Jones o'r band Ail Symudiad?

13. Ym mha wlad y cafodd J. R. R. Tolkien ei eni?
    a. Lloegr   b. Awstralia   c. De Affrica

14. Pwy dorrodd ên Muhammad Ali yn 1973?

15. Pa ganwr a fagwyd yng Nghymru ganodd am 'Babylon'?

16. Sawl gwaith enillodd Red Rum y Grand National?

17. Ar ba stryd y gwelech Fynegai Dow Jones?

18. Ym mha dref yng Nghymru mae cerflun o'r darganfyddwr H. M. Stanley?

19. Yn 1893, 'Rhowch siampên i fi' oedd geiriau olaf pa ddoctor a anwyd yn Rhydri ger Caerffili?

20. Pa gyn-chwaraewr rygbi rhyngwladol safodd dros Blaid Cymru yn etholaeth Llanelli yn Etholiad 1970?

21. Am ba afon y mae Cynan yn sôn yn y llinellau hyn: 'Mae afon sy'n groyw a gloyw a glân, / A balm yn addfwynder a cheinder ei chân'?

22. Beth ydych chi'n ei ofni os ydych yn dioddef o *ergophobia*?

23. Gyda pha sengl y cyrhaeddodd y Manic Street Preachers rhif un yn y siartiau Prydeinig?

24. Â pha bentre' yng Nghernyw y byddech chi'n cysylltu enw'r cogydd Rick Stein?

25. Pwy oedd awdur y geiriau 'Holl amrantau'r sêr ddywedant'?
    a. Ceiriog   b. Carneddog   c. Carnabwth

Atebion Cwis 38

1. Gŵyl Glyndebourne
2. Môr Iwerddon
3. Al Capone
4. Rwsia
5. Ieir
6. Galaeth y Llwybr Llaethog
7. *Amperes* neu *Amps*
8. Siarc bach
9. Uruguay
10. Hercule Poirot
11. John Osborne
12. Fflach
13. De Affrica
14. Ken Norton
15. David Gray
16. Teirgwaith – 1973, 1974 ac 1977
17. Wall Street
18. Dinbych
19. Dr William Price
20. Carwyn James
21. Afon Teifi
22. Gwaith
23. 'If You Tolerate This, Your Children Will Be Next'
24. Padstow
25. Ceiriog

1. Mae pŵer trydanol yn cael ei fesur mewn beth?

2. Bridiau o ba anifail yw'r Sussex, y Blanc de Bouscat a'r Thrianta?

3. Â pha actor y bu Sybil Williams o Tylorstown yn briod rhwng 1949 ac 1963?

4. Pa swydd bwysig oedd gan Jens Stoltenberg yn 2011?

5. Beth yw ystyr y term cerddorol *lentamente*?

6. Pa ddwy ddinas a cysylltir gan yr M11?

7. Symbol pa fetel yw W yn y Tabl Cyfnodol?

8. Â pha dref lan môr yng ngogledd Cymru mae tref Wormhout yng ngogledd Ffrainc wedi'i gefeillio?

9. Dewi Pws, Charli Britton, John Griffiths a Cleif Harpwood oedd pedwar aelod o'r band Edward H. Dafis, ond pwy oedd y pumed?

10. Pa chwaraewr snwcer oedd yn cael ei adnabod fel 'The Grinder'?

11. Y *jockey* oedd yr enw cyntaf ar ba fath o ddilledyn?

12. Beth yw drama hiraf Shakespeare?

13. Anthem pa wlad ar gyfandir Asia yw 'Jana Gana Rana'?

14. Ym mha gerdd mae R. Williams Parry yn sôn am:
'A rhodio'i heddwch wrthyf f'hun
Neu gydag enaid hoff, cytûn'?

15. Yn lle roedd y Bevin Boys yn gweithio?
    a. Butlin's
    b. Gwaith dur
    c. Pwll glo

16. Beth oedd enwau'r ddwy ferch o Abertyleri y sgwennodd Ryan Davies gân amdanynt?

17. Pwy oedd gwraig gyntaf Harri VIII?

18. Beth yw ail isradd 9?

19. Pa gyn-weithiwr i MI5 a ysgrifennodd *Spycatcher*?

20. Pwy oedd yn cyflwyno'r rhaglen *Y Byd yn ei Le* ar S4C?

21. Beth yw *necropolis*?
    a. Theatr
    b. Senedd-dy
    c. Mynwent fawr

22. O ba deir gwlad yr oedd y Llychlynwyr yn dod yn wreiddiol?

23. Beth oedd slogan Barack Obama yn ystod ei ymgyrch arlywyddol yn 2008?

24. Pa gyn-chwaraewr a rheolwr pêl-droed a gydgreodd y gyfres dditectif *Hazell* yn 1978?

25. Ym mha ddinas yn yr Eidal y cafodd cyrff Mussolini a'i feistres Clara Petacci a thri ffasgydd arall eu hongian ar ôl eu saethu?

Atebion Cwis 39

1. Ohms
2. Cwningod
3. Richard Burton
4. Prif Weinidog Norwy
5. Araf
6. Caergrawnt a Llundain
7. Tyngsten
8. Llandudno
9. Hefin Elis
10. Cliff Thorburn
11. Pants neu *briefs*
12. Hamlet
13. India
14. Eifionydd
15. Pwll glo
16. Blodwen a Mary
17. Catherine o Aragon
18. 3
19. Peter Wright
20. Vaughan Hughes
21. Mynwent fawr
22. Denmarc, Norwy a Sweden
23. 'Change we can believe in', a'r siant oedd 'Yes, we can'
24. Terry Venables
25. Milan

1. Beth oedd enw'r ynys yn Norwy lle y cafwyd cyflafan ofnadwy yng Ngorffennaf 2011 pan laddwyd nifer o bobl ifanc gan Anders Breivik?

2. Caban pa gyn-Arlywydd o'r Unol Daleithiau sy'n sefyll gyferbyn â'r cwrs golff lle y chwaraeir yr US Masters yn Augusta, Georgia bob blwyddyn?

3. Yn y gegin Eidalaidd, beth yw ystyr lythrennol y gair *linguine*?

4. Pa actor oedd yn actio'r cyfreithiwr Perry Mason a hefyd y ditectif mewn cadair olwyn, Ironside?

5. Yng Nghanolfan y Mileniwm yn 2006 fe ymgasglodd 1,224 o Jonesiaid ac fe dorrwyd record y byd o gael y mwya' o bobl â'r un cyfenw o dan yr un to, ond beth oedd cyfenw deiliad blaenorol y record?

6. Pwy oedd Rheolwr BBC Cymru rhwng 1945 ac 1967?

7. Pa fwyd tun werthwyd am y tro cyntaf yn siop Fortnum & Mason yn 1886?
   a. Sardîns   b. *Corned beef*   c. Ffa pob Heinz

8. Beth oedd enw'r ffrind i Asterix oedd yn hoffi bwyta baeddod gwyllt?

9. Ym mha dalaith oedd George Bush pan glywodd am drychineb 9/11?

10. Am ba athro, cyfarwyddwr theatr, bardd, canwr, a gweithredwr gwleidyddol a gafodd ei saethu yn 1973 y canodd Dafydd Iwan?

11. Ym mha wlad mae'r Tamil Tigers yn gweithredu dros annibyniaeth?

12. Pa gymeriad dadleuol a chyn-olygydd yr *Independent on Sunday* a enillodd y gystadleuaeth *Cariad@Iaith* ar S4C yn 2004?

13. Beth yw enw'r actor sydd wedi bod yn actio rhan y cymeriad Ken Barlow ar *Coronation Street* ers y dechrau yn 1960?

14. Pa dalaith yn yr Unol Daleithiau sydd â'i henw yn golygu 'mynydd' yn Sbaeneg?

15. Pwy oedd capten tîm rygbi Cymru pan gollon nhw yn erbyn Lloegr am y tro cyntaf mewn 28 mlynedd ym Mharc yr Arfau?

16. Ym mha dref y gwelwch Theatr y Swan a'r Courtyard Theatre?
    a. Manceinion   b. Straford Upon Avon   c. Leeds

17. Beth yw'r cefnfor mwya' yn y byd?

18. Pwy oedd yn actio rhan PC Gordon Hughes yn *Glas y Dorlan*?

19. Beth yw enw'r gŵr o Landdewibrefi sydd wedi bod yn weinidog yn Lerpwl ers diwedd y chwe degau?

20. Ym mha un o ddramâu Shakespeare y mae'r cymeriad Shylock yn cael ei gyflwyno?

21. Beth mae'r term cerddorol *vivace* yn ei olygu?

22. Ym mha ddegawd y ganwyd Gwilym Prys Davies, Charlton Heston, Tony Benn, Peter Sellers, Marilyn Monroe, Margaret Thatcher a Jennie Eirian Davies?

23. Beth oedd rhif un cyntaf y Rolling Stones ym Mhrydain?
    a. 'Not Fade Away'   b. 'Little Red Rooster'
    c. 'It's All Over Now'

24. Beth yw prifddinas Slofacia?

25. Beth yw enw'r capel sydd ar y ffordd fynydd rhwng Tregaron a Llyn Brianne?

Atebion Cwis 40

1. Ynys Utoeya
2. Dwight D. Eisenhower
3. Tafodau bach
4. Raymond Burr
5. Norberg o Sweden
6. Alun Oldfield Davies
7. Ffa pob Heinz
8. Obelix
9. Fflorida
10. Victor Jara
11. Sri Lanka
12. Janet Street-Porter
13. William Roache
14. Montana
15. Clive Rowlands
16. Stratford Upon Avon
17. Y Môr Tawel
18. Geraint Jarman
19. D. Ben Rees
20. *The Merchant of Venice*
21. Bywiog
22. Y dau ddegau
23. 'It's All Over Now'
24. Bratislafa
25. Soar y Mynydd

TELEDU, FFILM A RADIO

1. Pwy oedd cyflwynydd cyntaf *Blankety Blank*?

2. Beth oedd enw'r gyfres a ddarlledwyd rhwng 1978 ac 1990 gyda Christopher Timothy o'r Bala yn actio rhan James Herriott?

3. Pwy oedd Prif Weithredwr cyntaf S4C?

4. Beth oedd enw'r gyfres ddrama Gymraeg oedd wedi ei lleoli mewn swyddfa bapur newydd yn Aberystwyth?

5. Pa actor a chanwr o Gymru actiodd ran Harry yn yr opera sebon *Eastenders* yn ôl yn yr wyth degau?

6. Ar ba ynys y lleolwyd y gyfres dditectif *Bergerac*?

7. Sawl Cymro sydd wedi bod yn gapten ar y gyfres *A Question of Sport*?

8. Beth oedd enw'r gyfres a gyflwynwyd gan Emyr Davies lle'r oedd gwesteion yn partneru â saethwyr go iawn ac yn ceisio saethu colomennod clai?

9. Beth oedd enw'r sioe debyg i *Blind Date* a ddechreuodd yn 1991 ar S4C gydag Alwyn Siôn yn cyflwyno?

10. Yn Hydref 1961 yng Nghapel y Tabernacl, Caerdydd, fe ddarlledwyd y rhaglen gyntaf o gyfres boblogaidd sy'n cael ei darlledu ar ddydd Sul. Beth yw hi?

11. Yn y gyfres gomedi *Never the Twain* rhwng 1981 ac 1991, pwy oedd yn actio rhan Oliver Smallbridge gyferbyn â Donald Sinden?

12. Pa ddarlledwr, dychanwr gwleidyddol a golygydd a anwyd yn y Mwmbwls yn 1960?

13. Pa gyfres deledu oedd y prosiect olaf i'r actor Stanley Baker ei gwblhau cyn ei farwolaeth yn 1976?

14. Beth oedd enw'r gyfres gomedi ar BBC Cymru rhwng 1997 ac 1999 lle'r oedd yr actor Islwyn Morris yn chwarae rhan Dad?

15. Beth oedd enw'r actor o Abertawe a ddaeth â'r cymeriad Siadwell i'n sylw yn y gyfres *Naked Video* rhwng 1986 ac 1989?

16. Pwy oedd y Cymro oedd yn cydgyflwyno'r rhaglen *The Clothes Show* gyda Selina Scott pan ddarlledwyd y rhaglen gyntaf yn 1986?

17. O ba dref glan môr y daw seren y cyfresi *The Liver Birds* a *District Nurse*, Nerys Hughes?

18. Pa actor ac un o griw *C'mon Midffîld* oedd cyflwynydd y gêm eiriau *Gair am Air*?

19. Ar ba gyfres gomedi Saesneg y bu'r actor Rhodri Meilir yn chwarae rhan Alfie Butts rhwng 2005 a 2009?

20. Pa actores fu'n chwarae rhan Livia yn y gyfres *I Claudius*?

21. Ym mha gyfres yr ymddangosai'r cymeriad Noel Bain?

22. Beth yw enw mam Stacey yn y gyfres *Gavin and Stacey*?

23. Beth oedd enw'r cyn-ddisgybl yn Ysgol Gyfun Glan Clwyd fu'n cyflwyno cyfresi megis *Get Fresh*, *How 2* a *It's Not Just Saturday*?

24. Pwy sy'n actio Twm Tisian ac Eddie Butler?

25. Pwy yw'r Cymro yn nhîm Monty Python?

Atebion Teledu 1

1. Terry Wogan
2. *All Creatures Great and Small*
3. Owen Edwards
4. *Mwy na Phapur Newydd*
5. Gareth Potter
6. Jersey
7. Dau, sef Cliff Morgan a Gareth Edwards
8. *Shotolau*
9. *Bacha Hi O 'Ma*
10. *Songs of Praise*
11. Windsor Davies
12. Ian Hislop
13. *How Green Was My Valley*
14. *Satellite City*
15. John Sparkes
16. Jeff Banks
17. Y Rhyl
18. Llion Williams
19. *My Family*
20. Siân Phillips
21. *A Mind to Kill* neu *Yr Heliwr*
22. Gwen
23. Gaz Top neu Gareth Jones
24. Iwan John
25. Terry Jones o Fae Colwyn

Teledu 2

1. Beth yw enw'r comedïwr sy'n wreiddiol o Stanleytown yn y Rhondda ac sy'n enwog am gymeriadau megis Rowley Birkin QC, Arthur Atkinson a Ron Manager?

2. Pwy oedd cyflwynydd cyntaf *Top of the Pops* yn 1964?

3. Faint o goesau oedd gan y Famous Five?

4. Beth oedd enw cyntaf Inspector Morse?

5. Fel pwy roedden ni'n fwy cyfarwydd â'r cymeriadau Hannibal, The Face, Murdoch a B. A. Baracus?

6. Pwy oedd enillydd y gyfres gyntaf o *Big Brother* yn y flwyddyn 2000?

7. Pa dditectif roedd yr actor William Vaughan yn ei actio ar S4C nôl yn yr wyth degau?

8. Pa actores oedd yn cydactio â Gareth Lewis yn y gyfres *Torri Gwynt* sydd erbyn hyn yn wraig iddo yn *Pobol y Cwm*?

9. Pa gymeriadau roedd Bea Arthur, Betty White, Rue McClanahan ac Estelle Getty yn eu hactio?

10. Pwy actiodd y brif ran yn y ffilm a ddarlledwyd ar S4C yn 1985 o'r enw *Bonner*?

11. Beth oedd enw awdur y ddrama deledu *Boys from the Blackstuff*?

12. Pa gyfres deledu wedi'i seilio yn Ysgol Glyn Rhedyn yn y Rhondda a ddechreuodd yn 1997?

13. Yn y gyfres gyntaf o *Auf Wiedersen Pet* ym mha ddinas yn yr Almaen mae'r dynion yn gweithio?

14. Beth oedd enw'r dramodydd teledu o Borthaethwy a fu'n byw yn Llandudoch ac a sgriptiodd ffilm y Beatles *A Hard Day's Night*?

15. Prifysgol Reading oedd un o'r timau ar y rhaglen gyntaf o *University Challenge*, ond pwy oedd y tîm arall o Swydd Efrog?

16. Pa actor o Gymru ddaeth i'r brig wrth chwarae rhan Simon Bellamy yn y gyfres *Misfits*?

17. Daeth y gyfres *Mork and Mindy* ag enwogrwydd i'r actor Robin Williams rhwng 1978 ac 1982, ond ym mha gyfres Americanaidd boblogaidd yr ymddangosodd Mork gyntaf?

18. Pwy oedd yn actio rhan Dr Richard Kimble yn y gyfres *The Fugitive* yn ystod y chwe degau?

19. Beth oedd enw'r cymeriad Cymreig a actiwyd gan Ronnie Barker yn y gyfres o'r un enw yn 1984?

20. Pa un o'r Charlie's Angels briododd yr actor Lee Majors?

21. Ym mha gyfres y bu'r actor Richard Harrington yn actio rhan Luke French?

22. Yn wreiddiol o Abertawe ac yn fab i weinidog Capel Cymraeg Toronto, pwy oedd seren y gyfres *Forever Knight* yng Nghanada, a ymddangosodd hefyd yn y gyfres *24*?

23. Pa gyfres ddilynodd *Coleg* ar S4C?

24. Beth oedd enw seren y cyfresi *Man About The House*, *Robin's Nest* a *Me and My Girl*?

25. Wyneb pa gyflwynydd Gwyddelig a ymddangosodd ar stamp yn Iwerddon yn 1994?

Atebion Teledu 2

1. Paul Whitehouse
2. Jimmy Savile
3. 12 (Julian, Dick, Anne, George a Timmy'r Ci)
4. Endeavour
5. *The A Team*
6. Craig Phillips
7. Gwydion
8. Nia Caron
9. *The Golden Girls*
10. Ray Gravell
11. Alan Bleasdale
12. *Pam Fi Duw?*
13. Dusseldorf
14. Alun Owen
15. Prifysgol Leeds
16. Iwan Rheon
17. *Happy Days*
18. David Janssen
19. The Magnificent Evans
20. Farrah Fawcett
21. *Holby Blue*
22. Geraint Wyn Davies
23. *Dinas*
24. Richard O'Sullivan
25. Eamonn Andrews

1. Ym mha ffilm actiodd Meredith Edwards gyda Jack Warner yn 1950, lle y cyflwynwyd y cymeriad PC George Dixon am y tro cynta'?

2. Pa actores 71 oed a ymddangosodd yn y New Theatre, Caerdydd am wythnos yn 1973, ac a ddywedodd ar ddiwedd yr wythnos, 'There is no country like Wales. You have more appreciation for artists than anywhere else in the world'?

3. Am ba ffilm enillodd John Wayne ei unig Oscar?

4. Beth wnaeth yr actores Peg Entwistle o Bort Talbot pan sylweddolodd nad oedd dyfodol iddi yn Hollywood?

5. Pa actor byd-enwog a ymwelodd â Threlái a Llanisien pan fynychodd *première* ei ffilm *The Greatest Show On Earth* yn Stryd y Frenhines yng Nghaerdydd yn 1952?

6. Pwy actiodd Michael Corleone yn *The Godfather*?

7. Ym mha ffilm ryfel y gwelwyd Richard Burton, Richard Harris, Roger Moore, Kenneth Griffith a Stewart Granger yn cydactio?

8. Roedd y Rat Pack yn cynnwys Frank Sinatra, Dean Martin, Joey Bishop, Peter Lawford a phwy arall?

9. Beth oedd enw'r cymeriad oedd yn chwarae'r piano yn *Casablanca*?

10. Beth oedd teitl y ffilm *Carry On* gyntaf yn 1958?

11. Pwy oedd yn chwarae rhan Chris Adams, arweinydd *The Magnificent Seven*?

12. Pa actor o Bont-y-pŵl a ymddangosodd yn y ffilm *Tamara Drewe*, ac yn *The Three Musketeers* fel Aramis?

13. Beth yw enw'r actor oedd yn chwarae rhan Captain Von Trapp yn *The Sound of Music*?

14. Pa actores o Lanelli gafodd ei henwebu am Oscar am y ffilm *This Sporting Life* yn 1964?

15. Pwy gyfansoddodd y gerddoriaeth enwog ar gyfer y ffilm *Chariots of Fire*?

16. Sawl gwaith mae Anthony Hopkins wedi priodi?

17. Pa gomedïwr 80 oed actiodd ran Duw yn y ffilm *Oh, God!* yn 1977?

18. Mae Tom Hanks wedi ennill dau Oscar, un am y ffilm *Forrest Gump* – ond beth oedd y ffilm arall?

19. Beth oedd enw'r ffilm lle bu Ray Gravell yn cydactio â Juliette Binoche, Jeremy Irons a Leslie Caron?

20. Sawl teitl ffilm James Bond sydd yn un gair?

21. Pwy actiodd ran Hannibal Lecter gyntaf yn y ffilm *Manhunter* yn 1986?

22. Pa gyn-ddisgybl o Ysgol Gyfun Llanhari oedd yn un o sêr y ffilm *Ironclad* ac a enillodd Wobr Olivier am ei ran yn *Spring Awakening* ar y llwyfan?

23. Sawl gwaith y cafodd Richard Burton ei enwebu am Oscar?

24. Ym mha flwyddyn y priododd Michael Douglas a Catherine Zeta Jones?

25. Ym mha wlad y ffilmiwyd *Ryan's Daughter* gan David Lean?

Atebion Ffilm 1

1. *The Blue Lamp*
2. Marlene Dietrich
3. *True Grit*
4. Neidiodd oddi ar yr arwydd Hollywood
5. Charlton Heston
6. Al Pacino
7. *The Wild Geese*
8. Sammy Davis Jr
9. Sam
10. *Carry On Sergeant*
11. Yul Brynner
12. Luke Evans
13. Christopher Plummer
14. Rachel Roberts
15. Vangelis
16. Tair gwaith
17. George Burns
18. *Philadelphia*
19. *Damage*
20. Pump, sef *Goldfinger, Thunderball, Moonraker, Goldeneye,* ac *Octopussy*
21. Brian Cox
22. Aneurin Barnard
23. Saith gwaith
24. 2000
25. Iwerddon

Ffilm 2

1. Pa actores oedd mam yr actores a'r cyn fodel – Isabella Rossellini?

2. Pwy oedd gŵr Judi Dench, a fu farw yn 2001?

3. Yn wreiddiol o Senghennydd, pa actor a ysgrifennodd y stori ar gyfer y ffilm *A Run For Your Money*?

4. Pa gomedïwr ac actor ddywedodd 'A thing worth having is a thing worth cheating for'?

5. Pa actor chwaraeodd ran Popeye Doyle yn *The French Connection*?

6. Wrth ffilmio *The Prince and the Showgirl* yn 1956, pwy oedd yr actores enwog a atebodd, 'Where is Wales? I only have the weekends off' pan ofynnwyd iddi a fyddai'n ymweld â Chymru?

7. Pa actor oedd cyfarwyddwr y ffilm *Gandhi*?

8. Celia Johnson oedd yn actio'r ddynes yn y ffilm *Brief Encounter*, ond pwy oedd yn actio'r dyn?

9. Pa ddawnsiwr ac actiwr byd-enwog oedd yn gefnogwr ariannol brwd i'r IRA?

10. Beth oedd ffilm gyntaf Elvis Presley?

11. Pwy oedd cyfarwyddwr a phrif gymeriad y ffilm *Citizen Kane*?

12. Pa elyn i James Bond oedd yn cael ei actio gan yr Almaenwr Gert Fröbe?

13. Pa Gymro enillodd Oscar yn y categori Actor Cynorthwyol yn 2011 am y ffilm *The Fighter*?

14. Pa actor o dras Gymreig a bortreadodd Elmer Gantry, Wyatt Earp, J. J. Hunsecker a Dr Moreau yn ystod ei yrfa?

15. Pa actores briododd Gymro o'r enw Jeremy Thomas a oedd yn rhedeg bar; dim ond mis y parodd y briodas?

16. Beth yw enw tad-yng-nghyfraith Catherine Zeta Jones?

17. Beth oedd enw llawn Dirty Harry?

18. Gyda pha actor o Sir Fôn yr ymddangosodd y Fonesig Flora Robson yn y saith degau yn y ffilm *Mr Lollipop M.A.*?

19. Pa ddeuawd ymddangosodd yn yr Empire, Abertawe ym mis Medi 1952?

20. Beth oedd enw'r storïwr yn y ffilm *How Green Was My Valley* a actiwyd gan Roddy McDowall?

21. Pwy oedd awdur *The Citadel*, llyfr am ddoctor yn ei swydd gyntaf mewn tref lofaol Gymreig, a addaswyd yn ffilm yn 1938?

22. Pa gyn-wraig i Laurence Olivier oedd yn chwarae Scarlett O'Hara yn *Gone with the Wind*?

23. Meredith Edwards oedd un o'r brodyr aeth am drip i Lundain yn y ffilm *A Run for your Money* yn 1949, ond pwy oedd y llall?

24. Beth oedd y ffilm gan Marc Evans o 2010 a leolwyd yn Ne America a Chymru?

25. Yn y ffilm *King Arthur* a ryddhawyd yn 2004, beth oedd rhan Ioan Gruffudd?

Atebion Ffilm 2

1. Ingrid Bergman
2. Michael Williams
3. Clifford Evans
4. W. C. Fields
5. Gene Hackman
6. Marilyn Monroe
7. Richard Attenborough
8. Trevor Howard
9. Gene Kelly
10. *Love Me Tender*
11. Orson Welles
12. Auric Goldfinger
13. Christian Bale
14. Burt Lancaster
15. Drew Barrymore
16. Kirk Douglas
17. Harry Callahan
18. Charles Williams
19. Laurel and Hardy
20. Huw Morgan
21. A. J. Cronin
22. Vivien Leigh
23. Donald Houston
24. *Patagonia*
25. Lancelot

1. Pa gyflwynydd oedd yn cyflwyno'r rhaglen *Cwrt Cosbi* ar Radio Cymru?

2. Pa raglen chwaraeon brynhawn Sadwrn y bu Eleri Siôn a Dylan Ebenezer yn cydgyflwyno?

3. Pwy oedd partner Hywel Gwynfryn ar y radio cyn Nia Roberts yn 2002?

4. Yn lle y byddai Elinor Jones yn cael ei the?

5. Pa raglen a ddarlledwyd o 1970 hyd 1990, pan fu farw'r cyflwynydd I. B. Griffith?

6. Pa gyflwynydd fu'n siarad â Chymry dros y byd i gyd ar ei raglen yn ystod yr wyth degau?

7. Beth oedd enw rhaglen Nia Melville yn y cyfnod pan oedd y rhaglenni i bobl ifanc yn cael eu galw'n *Hwyrach*?

8. Pwy ddaeth yn bedwerydd golygydd neu bennaeth ar Radio Cymru?

9. Ym mha flwyddyn y lansiwyd *C2*?

10. Yn ystod eira mawr 1982, pa gyflwynydd fu'n gwneud mwy na'i siâr i gadw'r tonfeddi yn fyw?

11. Pwy oedd y *Dau o'r Bae* gwreiddiol?

12. Pa raglen a gyflwynid gan y Parch. Eirian Wyn ar brynhawn Sul?

13. Pwy oedd cyflwynydd y rhaglen gwis chwaraeon *Cant y Cant*?

14. Beth yw enw'r gêm banel a gyflwynir gan Gary Slaymaker yn taro golwg ddychanol ar newyddion yr wythnos?

15. Beth yw enw'r rhaglen bêl-droed wythnosol a gyflwynir gan Dylan Jones?

16. Pa fand yr arferai Kevin Davies ganu ynddo?

17. Newidiwyd enw'r gyfres *Eileen* i beth?

18. Beth oedd y rhaglen gyntaf a glywyd ar Radio Cymru yn 1977?

19. Beth yw enw brawd y cyfansoddwr a'r darlledwr Gareth Glyn, a fu'n olygydd neu bennaeth yr orsaf rhwng 1995 a 2006?

20. Pwy sy'n cyflwyno rhaglen ar fore Sul ac sy'n ffan mawr o dîm pêl-droed Manchester United?

21. Beth oedd testun awdl gyntaf Gerallt Lloyd Owen, y Meuryn ar *Talwrn y Beirdd*, yn Eisteddfod Cricieth 1975?

22. Pwy yw cyflwynydd *Stiwdio*?

23. Pa gyflwynydd y byddech debygol o'i glywed yn ffonio ciosgs ffôn?

24. Hunangofiant pa gyflwynydd oedd *Crych Dros Dro* a gyhoeddwyd yn 2003?

25. Llinell agoriadol arferol pa raglen yw 'Shwmai, fi Dai sydd 'ma!'?

Atebion Radio Cymru

1. John Hardy
2. *Camp Lawn*
3. Dei Tomos
4. Ar ben talar – enw'r rhaglen oedd *Te Ar Ben Talar*
5. *Rhwng Gŵyl a Gwaith*
6. Alun Williams yn *Alun yn Galw*
7. *Heno Bydd yr Adar yn Canu*
8. Siân Gwynedd
9. 2002
10. Sulwyn Tomos
11. Vaughan Roderick a Rhuanedd Richards
12. *Parch*
13. Huw Llywelyn Davies
14. *Bwletîn*
15. *Ar y Marc*
16. Y Diawled
17. *Rhydeglwys*
18. *Helo Bobol* gyda Hywel Gwynfryn
19. Aled Glynne Davies
20. Dewi Llwyd
21. 'Afon'
22. Kate Crockett
23. Geraint Lloyd
24. Gwilym Owen
25. *Ar Eich Cais*

1. Pwy oedd yn actio brawd Reg Harries, sef Wayne, yn yr opera sebon *Pobol y Cwm*?

2. Pa gymeriad yn y gyfres a chwaraewyd gan yr actorion Jonathan Morgan, Ioan Gruffudd a Rhodri Miles yn eu tro?

3. Beth oedd enw'r cartref henoed lle trigai Harri Parri, Bella, Jacob Ellis a'r Parch. T. L. Thomas?

4. Pwy ddaeth i helpu Magi Post ar ôl i Sabrina adael?

5. Pwy briododd Mrs Gwyther ar ôl i Mr Gwyther farw yn y Deri Arms?

6. Pwy yw cyfansoddwr cerddoriaeth agoriadol *Pobol y Cwm*?

7. Beth oedd cyfenw'r pâr a fu'n rhedeg cartref Bryn Awelon, a actiwyd gan Phyl Harries a Delyth Wyn?

8. Â phwy oedd Wayne Harries yn caru pan fu farw mewn ystafell mewn gwesty?

9. Beth oedd enw mab y Metron, Doreen Probert/ Bevan?

10. Pwy oedd yn actio rhan Dil Harries, tad Reg, Wayne a Sabrina?

11. Beth oedd enw'r reslwr o Loegr a ddotiodd ar gymeriad Bella mewn pennod yn y gyfres?

12. Pwy oedd yn actio rhan Sarjant James yn y gyfres?

13. Beth oedd y sengl a ryddhawyd gan dîm pêl-droed Cwmderi?

14. Beth oedd enw'r cymeriad o Birmingham oedd yn cael ei chwarae gan Bernard Latham?

15. Pa ran fu'r actores Iona Banks yn ei chwarae yn y gyfres?

16. Pwy oedd yn actio rhan y cymeriad Edgar Sutton a fu'n rhannu fflat gyda Meic Pierce am gyfnod?

17. Beth oedd enw mab Mrs McGurk?

18. Beth yw enw'r dafarn yn Llanarthur?

19. Pa gymeriad a gafodd ei chyfres ddrama ei hun ar Radio Cymru?

20. Pa gymeriad oedd yn gweithio yn y garej gyda Derek, ac a chwaraewyd gan yr actores Rhian Jones?

21. Ym mha fis yn y flwyddyn 1974 y darlledwyd y bennod gyntaf o *Pobol y Cwm*?

22. Pa ddramodydd a chyfarwyddwr y ffilm *Rancid Aluminium* fu'n chwarae rhan Dr Gareth yn y gyfres yn ystod yr wyth degau?

23. Pwy yw brawd Dic Deryn?

24. Pa gymeriad laddodd Teg?

25. Beth yw cyfenw Brandon, Garry a Britt?

Atebion Pobol y Cwm

1. Dewi Pws
2. Gareth Wyn
3. Bryn Awelon
4. Carol Gwyther
5. Sarjant Jenkins
6. Endaf Emlyn
7. Coslett
8. Sylvia Bevan
9. Barry John
10. Haydn Edwards
11. Giant Haystacks
12. Ieuan Rhys
13. *Ar y Blân*
14. Ron Unsworth
15. Gladys
16. Gari Williams
17. Sean
18. Y Bull
19. Eileen
20. Karen
21. Hydref
22. Ed Thomas
23. Dai Sgaffalde neu Dai Ashurst
24. Steffan Humphries
25. Monk

Y BYD A'R
BETWS

1. Prifddinas pa wlad yw Zagreb?

2. Ym mha ddinas y gallwch ymweld â gerddi sy'n eiddo i ystad Yves Saint Laurent?

3. Ym mha ddinas y gwelech y Flatiron Building, y Condé Nast Building a'r Washington Square Arch?

4. Beth oedd enw dinas St Petersburg yn Rwsia rhwng 1924 ac 1991?

5. Beth yw dinas fwyaf talaith Illinois yn yr Unol Daleithiau?

6. Pa grŵp ganodd 'Take My Breath Away'?

7. Oddi ar arfordir pa ddinas y mae Ynys Robben, lle y carcharwyd Nelson Mandela?

8. Pa actor o Gymru oedd seren y ffilm *Massacre in Rome*?

9. Pa dref Gymreig a gafodd statws dinas yn 1969?

10. Ym mha ddinas Americanaidd y lladdwyd J.F.K.?

11. Pa aelod amlwg o Blaid Cymru a anwyd yn Derby?

12. Yn wreiddiol roedd yr *Orient Express* yn rhedeg o Baris i ble ac yn ôl?

13. Ym mha ddinas yr oedd y gyfres *Frasier* wedi ei seilio?

14. Pa *mausoleum* anferth y gellir ei weld yn Agra yn India?

15. Beth yw prifddinas Estonia?

16. O ba ddinas y daw'r cyn-chwaraewr rygbi rhyngwladol Rowland Phillips?

17. Pa bapur nad yw'n cael ei brynu gan drigolion Lerpwl fel protest yn dilyn trychineb Hillsborough?

18. Pa ddinas fyddai wedi cynnal y Gêmau Olympaidd yn 1944, oni bai am yr Ail Ryfel Byd?

19. Mae'r M69 yn mynd o Gaerlŷr i ble?

20. Maes Awyr Lusaka yw prif faes awyr pa wlad?

21. Ymhle yng Nghymru yr agorodd Morris Wartski ei siop emwaith gyntaf erioed yn 1865?

22. Sawl dinas sydd yn yr Alban?

23. Columbus yw prifddinas pa dalaith Americanaidd?

24. Enw gwreiddiol pa ddinas yng Nghanada oedd Ville-Marie?

25. Beth yw prifddinas Ynysoedd Falkland?

Atebion Dinasoedd

1. Croatia
2. Gerddi Majorelle yn Marrakech
3. Efrog Newydd
4. Leningrad
5. Chicago
6. Berlin
7. Cape Town
8. Richard Burton
9. Abertawe
10. Dallas
11. Dafydd Wigley
12. Istanbwl neu Gaergystenin
13. Seattle
14. Y Taj Mahal
15. Tallinn
16. Tyddewi
17. *The Sun*
18. Llundain – fe'u cynhaliwyd yno yn 1948
19. Coventry
20. Zambia
21. Bangor
22. Chwech, sef Caeredin, Glasgow, Aberdeen, Dundee, Stirling ac Inverness
23. Ohio
24. Montreal
25. Stanley neu Port Stanley

Gwleidyddiaeth 1

1. Pa wleidydd amlwg safodd dros Blaid Cymru yn etholaeth Conwy yn 1970 a cholli i'r Ceidwadwr Wyn Roberts?

2. Pwy oedd Ysgrifennydd Gwladol Cymru adeg yr Arwisgo yn 1969?

3. Pa fab i farbwr o'r Tymbl fu'n Aelod Seneddol dros etholaeth Gŵyr rhwng 1982 ac 1997?

4. Beth oedd llysenw'r hysbysydd cudd a helpodd Bob Woodward a Carl Bernstein i dorri sgandal Watergate?

5. Pwy oedd Prif Weinidog Rhodesia rhwng 1965 ac 1979?

6. Ym mha flwyddyn y cafodd yr unben Ceauşescu a'i wraig eu dienyddio yn Romania?

7. Beth oedd enw gwraig yr Arlywydd Gerald Ford a fu farw yn 2011 yn 93 oed?

8. Pwy oedd y Dirprwy Brif Weinidog a'r Ysgrifennydd Cartref yng nghabinet cyntaf Margaret Thatcher rhwng 1979 ac 1981?

9. Pa athletwr fu'n Aelod Seneddol Ceidwadol dros etholaeth Falmouth a Camborne rhwng 1992 a 1997?

10. Beth oedd enw'r etholaeth y bu Neil Kinnock yn Aelod Seneddol drosti rhwng 1970 ac 1983 cyn i'r etholaeth newid ei henw i Islwyn?

11. Pwy oedd Sirhan Sirhan?

12. O ba wlad y daw cyn-Ysgrifennydd Cyffredinol y Cenhedloedd Unedig Boutros Boutros Ghali?

13. Pwy oedd Aelod Seneddol benyw cyntaf Cymru?

14. Dros ba etholaeth y bu Rod Richards yn Aelod Seneddol rhwng 1992 ac 1997?

15. Mewn cynhadledd Gomiwnyddol yn 1960, pa Gymraes o'r Rhondda a greodd argraff ar Nikita

Kruschev, arweinydd yr Undeb Sofietaidd ar y pryd, drwy ganu 'Hen Wlad Fy Nhadau'?

16. Pwy oedd Aelod Seneddol Trefaldwyn cyn Lembit Opik?

17. Beth yw enw canol cyn arlywydd America Bill Clinton?

18. O ba dref yn ne Cymru y daw Prif Weinidog Awstralia, Julia Gillard?

19. Rhwng 1979 ac 1987, pwy oedd rhagflaenydd Ieuan Wyn Jones fel Aelod Seneddol Ynys Môn?

20. Pwy wnaeth Phil Wilson ddilyn fel Aelod Seneddol Sedgefield yn 1997?

21. Pwy oedd arweinydd y Democratiaid Rhyddfrydol ar ôl Paddy Ashdown?

22. Pa awdures Gymreig ysgrifennodd gofiant John Major?

23. Pa wleidydd Seisnig, a oedd yn un o arweinwyr yr ymgyrch i ddileu caethwasiaeth, a bortreadwyd gan Ioan Gruffudd yn y ffilm *Amazing Grace*?

24. Pwy oedd Arlywydd Chile rhwng 1974 ac 1990?

25. Ym mha flwyddyn y codwyd Wal Berlin?

Atebion Gwleidyddiaeth 1

1. Dafydd Elis-Thomas
2. George Thomas
3. Gareth Wardell
4. Deep Throat
5. Ian Smith
6. 1989
7. Betty Ford
8. William Whitelaw
9. Sebastian Coe
10. Bedwellty
11. Y dyn a saethodd Robert Kennedy
12. Yr Aifft
13. Megan Lloyd George, a etholwyd yn Aelod Seneddol dros Ynys Môn yn 1929
14. Gogledd-orllewin Clwyd
15. Annie Powell
16. Alex Carlile
17. Jefferson
18. Y Barri
19. Keith Best
20. Tony Blair
21. Charles Kennedy
22. Nesta Wyn Ellis
23. William Wilberforce
24. Augusto Pinochet
25. 1961

1. Beth yw enw canol y gwleidydd Llafur Denis Healey?

2. Am y merched ym mywyd pa Brif Weinidog yr ysgrifennodd Ffion Hague y llyfr *The Pain and the Privilege*?

3. Beth oedd enw'r Aelod Seneddol dros etholaeth Abingdon a laddwyd gan fom o dan ei gar wrth iddo adael Tŷ'r Cyffredin yn 1979?

4. Beth oedd yr enw ar Ddinas Ho Chi Minh yn Fietnam cyn 1976?

5. Pam mae enw Caroline Lucas mor arwyddocaol yng ngwleidyddiaeth Prydain?

6. Ym mha wlad y bu farw Yasser Arafat yn Nhachwedd 2004?

7. Beth oedd enw arweinydd Israel a laddwyd yn 1995?

8. Pwy yw'r unig Arlywydd Americanaidd i lywodraethu ar ddau gyfnod gwahanol i'w gilydd, ac y mae enw un o ddinasoedd Ohio yn gyfenw iddo?

9. Rhwng 1957 ac 1971, roedd gan Haiti arlywydd a oedd yn unben ac yn ymarfer *voodoo*. Beth oedd ei enw?

10. Pa Aelod Seneddol dros Feirionnydd rhwng 1886 a 1899 oedd un o sylfaenwyr y mudiad Cymru Fydd?

11. Ym mha flwyddyn y lansiwyd y Gwasanaeth Iechyd Gwladol gan Aneurin Bevan?

12. Ym mha flwyddyn yr unwyd yr Alban a Lloegr?

13. Pwy oedd rhagflaenydd Peter Robinson fel Prif Weinidog Gogledd Iwerddon?

14. Beth oedd enw brawd Fidel Castro, a ddaeth yn arweinydd Cuba yn 2011?

15. Pa un o Arlywyddion yr Unol Daleithiau a gafodd yr enw 'The Gipper'?

16. Pa wleidydd o Stechford ger Birmingham a oedd yn medru'r Gymraeg ac a draddododd araith enwog a hynod o ddadleuol o'r enw 'Rivers of Blood'?

17. Pa gyn-fodel briododd Nicolas Sarkosy yn 2008?
18. Beth yw enw'r Aelod Seneddol dros Bermondsey a Old Southwark a addysgwyd yng Nghymru ac a safodd am arweinyddiaeth y Blaid Ryddfrydol yn 2006?
19. Pa economegydd o Blaid Cymru a safodd ei dir yn drawiadol o effeithiol yn erbyn Jeremy Paxman yn 2010 ar y rhaglen *Newsnight*?
20. Pwy oedd Aelod Seneddol etholaeth Finchley rhwng 1959 ac 1992?
21. Cyn gêm rygbi yn 1964, pa Brif Weinidog gafodd lond llaw o Vaseline wrth iddo ysgwyd dwylo chwaraewyr rygbi Cymru oedd yn gweithio yn y diwydiant dur?
22. Pwy oedd Prif Weinidog Ffrainc yn ystod y Rhyfel Byd Cyntaf, a lysenwyd *Le Tigre*?
23. Pwy oedd Gweinidog Propaganda'r Natsïaid rhwng 1933 ac 1945?
24. Pwy ddilynodd William Hague fel Ysgrifennydd Gwladol Cymru yn 1997?
25. Dai Francis, arweinydd Undeb Cenedlaethol y Glowyr De Cymru yn ystod y saith degau, yw tad pa Aelod Seneddol presennol?

Atebion Gwleidyddiaeth 2

1. Winston
2. David Lloyd George
3. Airey Neave
4. Saigon
5. Hi yw Aelod Seneddol cyntaf y Blaid Werdd a etholwyd yn 2010
6. Ffrainc
7. Yitzhak Rabin
8. Grover Cleveland
9. Papa Doc Duvalier
10. T. E. Ellis
11. 1948
12. 1707
13. Ian Paisley
14. Raul
15. Ronald Reagan
16. Enoch Powell
17. Carla Bruni
18. Simon Hughes
19. Eurfyl ap Gwilym
20. Margaret Thatcher
21. Syr Alec Douglas-Home
22. Georges Clemenceau
23. Joseph Goebbels
24. Ron Davies
25. Hywel Francis, sef Aelod Seneddol Aberafan

Bwyd a Diod

1. Pa ddiod sy'n cael ei 'nabod ambell waith fel 'Cactus Whisky'?

2. Enw arall ar ba ffrwyth yw'r 'Chinese Gooseberry'?

3. Yn ôl y Beibl, sawl person gafodd eu bwydo phum torth a dau bysgodyn?

4. Beth yw'r past sy'n cael ei gynnwys mewn *hummus* fel arfer?

5. Slang odli Cockney am beth yw 'baked bean'?

6. Beth yw'r ail berlysieuyn drutaf ar ôl saffrwn?

7. Beth mae graddfa Scoville yn ei fesur?

8. Beth oedd enw'r arth yn yr hysbysebion Hofmeister?

9. Pa losin sydd yn 'full of eastern promise' yn ôl yr hysbyseb?

10. Ffobia o ba offer bwyta yw *consecotaleophobia*?

11. Beth yw *yam*?

12. Beth ydych chi'n ychwanegu at saws *Béchamel* i greu saws *Aurore*?

13. Beth yw prif gynhwysyn *dhal*?

14. Blas pa ffrwyth sy'n cael ei ddefnyddio mewn *Crêpe Suzette*?

15. Beth agorodd yr Iddew Joseph Malin am y tro cynta' yn nwyrain Llundain yn 1860?

16. Ym mha wlad y byddech chi'n fwya' tebygol o yfed *lassi*?

17. Pa blanhigyn sy'n perthyn i deulu'r persli sydd hefyd yn cael ei alw'n 'cilantro'?

18. Beth byddech chi'n ei brynu fel arfer mewn *charcuterie*?

19. O ba wlad y daeth y ddiod feddal Irn-Bru yn wreiddiol?

20. Beth yw'r gair Persiaidd am fara?

21. Beth yw enw'r ddiod sy'n cael ei gwneud o ddail sych yr *yerba* sef planhigyn brodorol o Paraguay a rhannau eraill o America Ladin?

22. Ym mha wlad y dyfeisiwyd marjarîn?

23. Pa actor oedd prif lais y grŵp Sôs Coch?

24. Pa fath o lysiau a gynhwysir o dan yr enw grŵp Lladin *Brassica oleracea*?

25. Pa gwmni sy'n gwneud y pwdin Angel Delight?

Atebion Bwyd a Diod

1. Tequila
2. Ffrwyth ciwi
3. 5,000
4. *Tahini*
5. Brenhines (*Queen*)
6. Fanila
7. Gwres *chillis*
8. George
9. Turkish Delight
10. *Chopsticks*
11. Taten felys (*sweet potato*)
12. Past tomato
13. Corbys (*lentils*)
14. Oren
15. Y siop sgod a sglods gyntaf
16. India; diod iogwrt melys neu hallt ydyw
17. Coriander
18. Cigoedd wedi eu coginio
19. Yr Alban
20. *Nan*
21. *Maté*
22. Ffrainc yn 1869
23. Dewi Rhys
24. Bresych – mae'n cynnwys brocoli, ysgewyll, blodfresych, kohlrabi, bresych a cêl.
25. Bird's

1. Pa gyfansoddwr a adnabyddir fel Tad y Symffoni?

2. Pa gyfansoddwr clasurol a ystyrir yn gyfansoddwr gwreiddiol yr alaw i 'Twinkle, Twinkle Little Star'?

3. Pa rif oedd 'Symffoni Anorffenedig' Schubert?

4. Addasiad o ba waith gan J. S. Bach a ddaeth hyd yn oed yn fwy enwog drwy hysbyseb ar gyfer sigârs?

5. Pwy chwaraeodd ran Mozart yn y ffilm *Amadeus*?

6. Pa ddyfais y cafodd Johann Maelzel batent arno yn 1815?

7. Pa ddarn o gerddoriaeth a gyfansoddodd George Gershwin yn 1924 sy'n cyfuno elfennau cerddoriaeth glasurol a jazz?

8. Ble ganwyd y cyfansoddwr Gustav Holst?

9. Pa gyfansoddwr o Loegr a gyfansoddodd yr opera *Albert Herring*?

10. Beth oedd enw'r barbwr yn yr opera *Barbwr Sefil*?

11. Pa derm cerddorol sy'n golygu 'gyda thân'?

12. Ym mha brifddinas mae'r tŷ opera Teatro Colón?

13. Pa gyfansoddwr oedd yn cefnogi Wolverhampton Wanderers ac a gyfansoddodd anthem i'r tîm?

14. Pwy gyfansoddodd y symffoni i blant *Pedr a'r Blaidd*?

15. O ba wlad y deuai'r cyfansoddwr Aaron Copland?

16. O ba waith y daw 'Nimrod' gan Edward Elgar?

17. I ba offeryn y cyfansoddwyd *Concierto de Aranjuez* gan Joaquín Rodrigo?

18. Pwy gyfansoddodd y *Boléro*?

19. Faint o blant oedd gan Johann Sebastian Bach?

20. Sawl *concerto* i'r piano a gyfansoddwyd gan Beethoven?

21. Pa gyfansoddwr o'r Ariannin a gafodd lwyddiant wrth addasu Symffoni rhif 40 Mozart yn 1971?

22. O ba bentref y daw Karl Jenkins?

23. Llaw pa gyfansoddwr y gwnaed cast ohono gan y cerflunydd Auguste Clésinger?

24. Pwy gyfansoddodd arwydd-donau'r ffilmiau *Star Wars* a *Raiders of the Lost Ark*?

25. Pwy oedd yn actio rhan Beethoven yn y ffilm *Immortal Beloved*?

Atebion Cerddoriaeth Glasurol

1. Haydn
2. Mozart. Sgrifennodd Mozart amrywiadau ar hen alw Ffrengig, 'Ah! Vous dirai-je, Maman'.
3. 8 (er, weithiau, fe'i hailrifir yn 7)
4. 'Air on a G String'
5. Tom Hulce
6. Metronom
7. 'Rhapsody in Blue'
8. Cheltenham yn Lloegr
9. Benjamin Britten
10. Figaro
11. *Con fuoco*
12. Buenos Aires
13. Edward Elgar, enw'r anthem yw 'He Banged the Leather for Goal'
14. Sergei Prokofiev
15. Yr Unol Daleithiau
16. *Enigma Variations*
17. Y gitâr (a cherddorfa)
18. Maurice Ravel
19. 20, rhwng dwy wraig
20. Pump
21. Waldo de los Rios
22. Penclawdd
23. Frédéric Chopin
24. John Williams
25. Gary Oldman

1. Pa wyddonydd geisiodd ddatblygu pelydryn angau neu *death ray* (sef rhagflaenydd i raglen Star Wars yr U.D.A.) ar fynyddoedd uwchben Abertawe yn ystod tri degau'r ganrif ddiwethaf?

2. Beth oedd enw'r wennol ofod a ffrwydrodd 73 eiliad ar ôl cael ei lansio yn Fflorida yn 1986?

3. Ym mha ran o'r corff mae'r *sclera*?

4. Beth sy'n cael ei fesur ar raddfa Beaufort?

5. Sawl ochr sydd i ddis?

6. Pa fath o fom a ddatblygwyd gan Edward Teller?

7. Mathau o beth yw *stratus*, *nimbostratus* ac *altostratus*?

8. Beth oedd enw car cyntaf Rolls Royce?

9. Sawl cyfnod sydd i gylch bywyd pili pala?

10. Pa mor aml y gwelwn Gomed Halley?

11. Beth yw'r term meddygol am fod yn fyr eich golwg?

12. Beth yw'r lloeren naturiol agosaf i'r ddaear?

13. Pwy oedd dyfeisydd y teclyn dibynadwy cyntaf oedd yn mesur hydred wrth deithio ar y môr?

14. Yn iaith Braille, pa lythyren sy'n cael ei chynrychioli gan un dot?

15. Pa ffisegydd o Sais a ddarganfyddodd y niwtron?

16. Pwy roddodd ei enw i uned o ymbelydredd?

17. Beth yw'r *patella*?

18. Pa ynysoedd ysbrydolodd Charles Darwin i ysgrifennu *On The Origin of Species*?

19. Pa fathemategydd, ffisegwr, a pheiriannydd o Roeg a laddwyd gan filwr Rhufeinig yn Syracuse am nad oedd am adael ei broblem fathemategol nes iddo gael ateb?

20. Pa wyddonydd o Sais fyddai'n darlithio hyd yn oed pan na fyddai neb yn bresennol yn y ddarlith?

21. Beth yw enw'r astronot yn y gân 'Space Oddity' gan David Bowie a ryddhawyd yn 1969?

22. Pa fath o gerbyd a gynhyrchwyd yn Ffatri Hoover ym Merthyr Tudful?

23. Pwy ysgrifennodd *The Hitchhiker's Guide to the Galaxy*?

24. Llun pa wyddonydd sydd ar bapur decpunt?

25. Roedd y cerddor J. Lloyd Williams yn flaenllaw gyda Chymdeithas Alawon Cymru, ond roedd hefyd yn fotanegydd ac yn awdurdod cydnabyddedig ar ba fath o *algae*?

Atebion Gwyddoniaeth a Thechnoleg

1. Harry Grindell Matthews
2. *Challenger*
3. Y llygad – gwyn eich llygad
4. Gwynt
5. Chwech
6. Bom hydrogen
7. Cymylau
8. Silver Ghost
9. Pedwar – wy, larfa, piwpa, oedolyn
10. Bob 75 i 76 o flynyddoedd
11. Myopia
12. Y lleuad
13. John Harrison
14. A
15. James Chadwick
16. Henri Becquerel
17. Pelen eich pen-glin
18. Y Galapagos
19. Archimedes
20. Isaac Newton
21. Major Tom
22. Sinclair C5
23. Douglas Adams
24. Charles Darwin
25. Gwymon

CHWARAEON

Pêl-droed 1

1. I ba dîm pêl-droed yn Sbaen y bu Mark Hughes yn chwarae?

2. Ym mha wlad y cynhaliwyd Cwpan y Byd yn 1958, yr unig bryd i Gymru gymryd rhan yn yr ornest?

3. Beth oedd enw'r gân a aeth i rif 12 yn y siartiau ac a ganwyd gan Glenn Hoddle a Chris Waddle?

4. Sut datgymalodd y gôl-geidwad Alex Stepney ei ên yn 1975?

5. Pa chwaraewr pêl-droed gafodd wobr Personoliaeth Chwaraeon y Flwyddyn gan y BBC yn 1990?

6. Cefnogwyr i ba dîm pêl-droed yw Dafydd Du, John Ogwen, Gareth Roberts a John Hardy, ac Ian Rush pan oedd yn ifanc?

7. Pa dîm o ganolbarth Lloegr oedd y cyntaf i chwarae yn Tsieina ar ôl y Chwyldro Diwylliannol yn 1978?

8. Beth yw enw'r chwaraewr o Gymru a fu'n chwarae o Port Vale rhwng 1985 ac 1987 ac a sgoriodd 49 o goliau mewn 90 ymddangosiad?

9. Pwy sy'n chwarae pêl-droed yn Stadiwm King Power?

10. Ym mha ddinas Albanaidd mae'r timau pêl-droed Hibernian a Heart of Midlothian?

11. Beth oedd y tîm Seisnig diwethaf i George Best chwarae iddo?

12. Pwy fu'n gadeirydd ar dîm pêl-droed y Barri am flwyddyn rhwng 2002 a 2003?

13. Pa gyn-chwaraewr dros Everton, Spurs a Chymru fu'n briod â Mandy Smith, cyn-wraig Bill Wyman o'r Rolling Stones?

14. Pa ddau glwb Eidalaidd y bu Trevor Francis yn chwarae iddyn nhw?

15. Pwy roddodd y bàs i Ian Rush pan sgoriodd y gôl i ennill y gêm rhwng Cymru a Gorllewin yr Almaen yn 1991?

16. Hyd at 2011, sawl gwaith mae tîm Cymru wedi curo Brasil?

17. Pa dîm pêl-droed Cymreig sy'n chwarae ar Barc Latham?

18. Pa gyn-bêl-droediwr rhyngwladol fu'n seren yn y ffilmiau *Mean Machine*, *The Big Bounce* a *The Other Half*?

19. Pa dîm y bu Brian Clough yn ei reoli cyn iddo fynd i Nottingham Forest?

20. Pwy oedd y capten buddugol o Gymru yn Rownd Derfynol Cwpan yr FA yn 1976?

21. Gyda pha dîm y bu John Aldridge a Dean Saunders yn cydchwarae cyn iddyn nhw ailymuno â'i gilydd yn Lerpwl?

22. Pa gyn-gapten dros Loegr oedd yn briod â Joy Beverley, un o'r Chwiorydd Beverley?

23. Pwy yw'r chwaraewr hynaf erioed i ymddangos yng Nghystadleuaeth Cwpan y Byd, a hynny mewn gêm a gynhaliwyd yn yr Unol Daleithiau yn 1994?

24. Ar ôl dychwelyd o Gwpan y Byd yn 1994, fe gafodd Andrés Escobar ei saethu yn ôl y sôn am sgorio gôl yn ei rwyd ei hun, ond i ba dîm roedd e'n chwarae?

25. Pwy yw'r chwaraewr sydd wedi sgorio'r nifer fwyaf o goliau i Manchester United erioed?

Atebion Pêl-droed 1

1. Barcelona
2. Sweden
3. 'Diamond Lights'
4. Drwy weiddi ar y cefnogwyr y tu ôl i'r gôl
5. Paul Gascoigne
6. Everton
7. West Bromwich Albion
8. Andy Jones
9. Leicester City
10. Caeredin
11. Bournemouth
12. John Fashanu
13. Pat Van Den Hauwe
14. Atalanta a Sampdoria
15. Paul Bodin
16. Unwaith
17. Y Drenewydd
18. Vinnie Jones
19. Leeds United
20. Peter Rodrigues, sef capten
   Southampton
21. Oxford United
22. Billy Wright
23. Roger Milla o Cameroon a oedd yn 42 a 39 diwrnod oed
24. Colombia
25. Bobby Charlton gyda 249 gôl mewn 758 o ymddangosiadau

1. Hyd at Awst 2011, pa chwaraewr rygbi sydd â'r mwya' o gapiau erioed dros ei wlad?

2. Beth yw enw'r chwaraewr o Caracas yn Venezuela a fu'n chwarae drwy gydol ei yrfa i Biarritz ac a gynrychiolodd Ffrainc 93 o weithiau?

3. Beth oedd y sgôr rhwng Llanelli a Seland Newydd pan enillodd Llanelli ar Hydref yr 31ain 1972?

4. Beth yw enw'r cyn-chwaraewr o Gymro a anwyd yn Weston-super-Mare ac a enillodd dri chap rhwng 1962 ac 1963, ond sydd bellach yn artist?

5. Pwy oedd hyfforddwr Cymru pan enillon nhw'r Goron Driphlyg nôl yn 1988?

6. Hyd at Awst 2011, sawl gwaith mae Iwerddon wedi ennill y Gamp Lawn?

7. Pa aelod o'r rheng ôl yn nhîm Seland Newydd oedd yn cael ei adnabod fel yr 'Iceman' neu 'Ice' nôl yn yr wyth degau a'r naw degau?

8. Sawl cap enillodd Carwyn James?

9. Pwy oedd capten tîm y Llewod pan enillon nhw'r gyfres yn erbyn Seland Newydd yn 1971?

10. Pwy roddodd y bàs i Derek Quinnell cyn iddo yntau roi'r bàs i Gareth Edwards a sgoriodd gais bythgofiadwy yn erbyn Seland Newydd yn 1973?

11. Beth yw'r ysgol sy'n cysylltu Gareth Davies, Barry John, Jonathan Davies a Carwyn James?

12. Pa gyn-chwaraewr rhyngwladol o Ffrainc gafodd ei ddedfrydu i garchar am 20 mlynedd am lofruddio ei wraig yn 2006?

13. O ble yng Nghymru y daw'r mewnwr Dewi Morris a enillodd 26 o gapiau dros Gymru?

14. Am sawl blwyddyn hyd at 2005 y bu Cymru heb Gamp Lawn?

15. Sgoriodd David Campese yn ei gêm gyntaf dros Awstralia yn 1982, ond pwy oedd y gwrthwynebwyr?

16. Beth yw hyd y gic hiraf mewn gêm ryngwladol a giciwyd gan Paul Thorburn yn erbyn yr Alban yn 1986?

17. Pwy yw awdur y llinell 'Boi ar jiawl yw Barry John'?

18. Pwy sy'n chwarae ar Barc Waterton Cross?

19. Heblaw Seland Newydd, i ba dîm rhyngwladol arall y chwaraeodd Frano Botica?

20. Beth oedd enw'r sgandal lle bu llawer o ffwdan ynglŷn â ph'un a oedd Shane Howarth a Brett Sinkinson yn gymwys i gael chwarae dros Gymru?

21. Pwy oedd y cyn-gefnwr o Ffrainc oedd yn hyfforddwr ar dîm yr Eidal rhwng 1978 ac 1981?

22. Pwy oedd y cefnwr dros Iwerddon a fu hefyd yn arweinydd y Blaid Lafur yno rhwng 1982 ac 1997?

23. Pwy oedd dyfarnwr y Rownd Derfynol gyntaf erioed yn hanes Cwpan y Byd yn 1987?

24. Sawl cais sgoriodd Reggie Gibbs mewn 16 gêm dros Gymru?

25. Pwy oedd prif fewnwr yr Alban rhwng 1980 ac 1988 ac enillodd 47 o gapiau?

Atebion Rygbi 1

1. George Gregan o Awstralia gyda 139 o gapiau
2. Serge Blanco
3. 9-3
4. Brian Davies
5. Tony Gray
6. Dwy waith – yn 1948 a 2009
7. Michael Jones
8. Dau gap
9. John Dawes
10. Tommy David
11. Ysgol Ramadeg y Gwendraeth
12. Marc Cécillon
13. Crugcywel
14. 17 o flynyddoedd
15. Seland Newydd
16. 64.2 metr
17. Dic Jones
18. Heddlu De Cymru
19. Croatia
20. Grannygate
21. Pierre Villepreux
22. Dick Spring
23. Kerry Fitzgerald
24. 17 (rhwng 1906 a 1911)
25. Roy Laidlaw

1. Beth yw enw'r unig chwaraewr rygbi o Gymru sydd erioed wedi colli yn erbyn Lloegr ar ôl chwarae yn eu herbyn bedair gwaith?

2. Pa chwaraewr o Gymru fu'n rhan o dimau a gurodd Seland Newydd bedair gwaith yn ystod y saith degau?

3. Beth oedd mor arbennig am gêm Seland Newydd yn erbyn Japan yng Nghwpan y Byd 1995?

4. Pa chwaraewr sydd â'r mwyaf o gapiau dros Loegr?

5. Pwy oedd y capten pan enillodd Clive Rowlands ei gap cyntaf yn erbyn Lloegr yn 1963?

6. Pa dîm sy'n chwarae ar Barc Smyrna?

7. Pa fath o ffatri y canodd Max Boyce amdani?

8. Pwy fathodd lawer o'r termau Cymraeg ar gyfer rygbi?

9. Pa ysgol sy'n cysylltu'r chwaraewyr Scott Gibbs, Geraint P. Lewis, Matthew Back, Gareth Wyatt a Nathan Strong?

10. Pwy oedd capten tîm Seland Newydd a enillodd y Cwpan y Byd cyntaf yn 1987?

11. Pa gyn-asgellwr Gwyddelig oedd biliwnydd cyntaf Iwerddon?

12. Pwy oedd y dyfarnwr o Gymro yn ffeinal Cwpan y Byd 1991?

13. Ym mha flwyddyn y curodd tîm Caerdydd Seland Newydd?

14. Pa Awstraliad fu'n hyfforddi Cymru yn 1995?

15. Enillodd Scott Gibbs a Neil Jenkins eu cap cyntaf ar yr un diwrnod ym mha flwyddyn?

16. Sawl taith gyda'r Llewod y bu Willie John McBride arni yn ei yrfa fel chwaraewr?

17. Chwaraeodd J. P. R. Williams dros Gymru 55 o weithiau fel cefnwr, ond unwaith fe chwaraeodd ym mha safle arall?

18. Pwy sy'n dal y record am y cais cyflymaf erioed dros Gymru?

19. Pa haint achosodd i'r gêm bencampwriaeth rhwng Iwerddon a Chymru gael ei gohirio am wyth mis yn 1962?

20. Pa gyn-faswr dros Abertawe a Bôn-y-maen gafodd y fraint o fod yr wyth canfed chwaraewr i chwarae dros ei wlad?

21. Pa ddau flaenwr, sydd hefyd yn frodyr, a enillodd 43 o gapiau dros Gymru rhyngddyn nhw yn ystod yr wyth degau?

22. Yn y gêm rhwng Cymru a Seland Newydd yn 1953 pan enillodd Cymru, fe sgoriodd yr asgellwr Ken Jones un cais, ond pa chwaraewr o Gaerdydd sgoriodd y llall?

23. Pa wythwr a chwaraeodd y rhan fwyaf o'i rygbi i dîm Caerdydd ac gafodd dros 34 o gapiau dros Loegr?

24. Hyd at 2012, sawl gwaith mae tîm rygbi Toulouse wedi ennill y Cwpan Heineken?

25. Ym mha flwyddyn y dechreuodd y Bencampwriaeth y Tair Gwlad rhwng Awstralia, Seland Newydd a De Affrica?

Atebion Rygbi 2

1. John Dawes
2. Derek Quinnell
3. Y sgôr fwya' erioed gan unrhyw dîm mewn gêm ryngwladol, sef 145 yn erbyn 17
4. Jason Leonard
5. Clive Rowlands
6. Llangefni
7. Ffatri Faswyr (Outside half)
8. Eic Davies
9. Ysgol Gyfun Llanhari
10. David Kirk
11. Syr Tony O'Reilly
12. Derek Bevan
13. 1953
14. Alex Evans
15. 1991
16. Pump – 1962, 1966, 1968, 1971 ac 1974
17. Blaen-asgellwr
18. Ieuan Evans, mewn 33 eiliad yn erbyn Iwerddon yn 1997
19. Y frech wen
20. Malcolm Dacey
21. Paul a Richard Moriarty
22. Sid Judd
23. John Scott
24. Pedair gwaith
25. 1996

1. Beth yw enw'r cyn-gapten ar dîm Cymru, a chapten tîm Everton a enillodd Gwpan yr FA yn 1995, ac a gafodd radd mewn Cemeg ac sydd bellach yn athro Cemeg yn The King's School, Caer?

2. Pwy oedd partner cyntaf Mark Hughes fel blaenwr yn Manchester United yn 1983?

3. Ar Fawrth y 15fed 1920 fe chwaraeodd Billy Meredith mewn gêm ryngwladol rhwng Cymru a Lloegr. Fe enillodd Cymru o ddwy gôl i un. Pam ei bod yn gêm hanesyddol?

4. Pa chwaraewr pêl-droed a marchog enwog a gafodd ei arestio gyda Stan Mortensen am werthu coffi a sebon ar y farchnad ddu yn 1945?

5. Pa dîm pêl-droed o Gymru sy'n chwarae ar Goedlan y Parc?

6. Pa gôl-geidwad dros Chelsea gafodd ddau gap i Gymru rhwng 1985 ac 1987?

7. Rhwng 1930 a 2010 sawl gwaith y mae'r Eidal wedi ennill Cwpan y Byd?

8. Pa dîm yw'r 'Baggies'?

9. Ym mha wlad mae tîm pêl-droed Besiktas?

10. Pa dîm rhyngwladol y bu amddiffynnwr Lerpwl, Mark Lawrenson yn chwarae iddo?

11. Pa chwaraewr o'r Alban fu'n chwarae yng nghanol cae dros Abertawe rhwng 1985 ac 1991 ac a ymddeolodd pan oedd yn 43 oed?

12. Pa dîm o'r Eidal a gurwyd gan Ferthyr Tudful yn y cymal cyntaf o rownd gyntaf Cwpan Enillwyr Cwpanau Ewrop yn 1987?

13. Pa Sais o dras Gymreig oedd rheolwr tîm Barcelona rhwng 1984 ac 1987?

14. Beth yw enw'r clwb y dewch yn aelod ohono os ymwelwch â chae pêl-droed pob un o dimau'r Gynghrair yn Lloegr?

15. Bu Diego Maradona yn chwarae i FC Barcelona ond â pha dim arall y bu'n chwarae rhwng 1984 ac 1991 gan sgorio 81 gôl mewn 188 o ymddangosiadau?

16. Mirandinha oedd y chwaraewr cyntaf o Frasil i arwyddo cytundeb gyda thîm o Loegr yn 1987, ond pa dîm?

17. Pwy oedd prif sgoriwr UEFA Euro 1988?

18. Os sgoriodd Geoff Hurst dair gôl yn erbyn Gorllewin yr Almaen yn rownd derfynol Cwpan y Byd yn 1966, pwy sgoriodd y gôl arall?

19. Pwy oedd yn rheolwr tîm Cymru rhwng 1954 ac 1956 ac yna'n un o sylwebyddion gêm gyntaf *Match of the Day* yn 1964?

20. Ar ôl i Ian Rush adael Lerpwl am yr eildro, i ba glwb yr aeth?

21. Ar ba dîm y bu John Toshack yn rheolwr ar dri chyfnod gwahanol?

22. Ar ôl beth y mae'r Kop, sy'n fwy enwog fel teras neu stand mewn stadiymau pêl-droed, wedi ei enwi?

23. Pwy oedd yr Archentwr arall fu'n chwarae i Spurs yr un pryd ag Ossie Ardiles rhwng 1978 ac 1983?

24. Gyda pha dîm yng Nghynghrair Lloegr y dechreuodd Iwan Roberts ei yrfa broffesiynol yn 1986, pan yr oedd hefyd yn cyd-chwarae gyda Malcolm Allen?

25. Beth oedd y sengl Gymraeg a ryddhawyd gan dîm pêl-droed Wrecsam yn y saith degau?

Atebion Pêl-droed

1. Barry Horne
2. Frank Stapleton
3. Yn 45 oed, Billy Meredith yw'r chwaraewr hynaf erioed i chwarae mewn gêm ryngwladol.
4. Syr Stanley Matthews
5. Aberystwyth
6. Eddie Niedzwiecki
7. Pedair gwaith yn 1934, 1938, 1982 a 2006
8. West Bromwich Albion
9. Twrci
10. Gweriniaeth Iwerddon
11. Tommy Hutchison
12. Atalanta
13. Terry Venables
14. 92 Club
15. Napoli
16. Newcastle United
17. Marco van Basten
18. Martin Peters
19. Wally Barnes
20. Leeds United
21. Real Sociedad
22. Mynydd o'r enw Spion Kop yn Ne Affrica lle bu brwydr fawr yn ystod y Rhyfel yn erbyn y Boeriaid
23. Ricky Villa
24. Watford
25. 'I Mewn i'r Gôl'

Chwaraeon Cyffredinol

1. Yn y byd rasio ceir, pwy oedd yn cael ei adnabod fel 'Y Meistr'?

2. Pa chwaraewr rygbi rhyngwladol gafodd 18 cap yn ystod y tri degau, ac a fu'n gapten ar dîm criced Morgannwg rhwng 1947 ac 1960, ac a chwaraeodd ambell i gêm bêl-droed i Gaerdydd yn ogystal?

3. Pa golffiwr oedd wastad yn chwarae gyda thair ceiniog yn ei boced?

4. Pwy enillodd bob un o'r saith cystadleuaeth y cystadlodd ynddynt yng Ngêmau Olympaidd Munich yn 1972?

5. Pa gyn-bencampwr pwysau trwm o Rwsia oedd yn cael ei adnabod fel 'The Beast from the East'?

6. Pa golffiwr oedd yn cael ei alw'n 'Supermex'?

7. Pwy oedd y batiwr cyntaf i sgorio 10,000 o rediadau mewn gêmau prawf criced?

8. Pa nofiwr Olympaidd chwaraeodd ran Tarzan yn ystod y tri degau a'r pedwar degau?

9. Pryd a ble y cynhaliwyd pencampwriaeth Judo'r byd am y tro cyntaf?

10. Beth yw'r enw modern am y gamp a ddechreuwyd ym Mecsico o'r enw Pok-ta-Pok?

11. O ba wlad roedd y chwaraewr tennis Ilie Nastase yn dod yn wreiddiol?

12. Pwy oedd 'The Whirlwind' ym myd snwcer?

13. Pa golffiwr a chyfreithiwr o dras Gymreig oedd y golffiwr amatur mwya' llwyddiannus i gystadlu ar lefel genedlaethol a rhyngwladol? Roedd yn ei anterth rhwng 1923 ac 1930?

14. Beth yw'r clwb pêl-droed proffesiynol hynaf yn y byd?

15. Enw canol pa gyn-gricedwr o Loegr yw Ivon?

16. Pa focsiwr fu farw ar Fawrth y 1af 1986?

17. Yng Ngêmau'r Gymanwlad yn Delhi yn 2010, pa fedal gafodd Christian Malcolm yn y ras 200 metr?

18. Pa chwaraewr tennis o'r India ymddangosodd yn y ffilm Bond *Octopussy*?

19. Pa yrrwr ceir rasio fu farw ddiwrnod cyn Ayrton Senna yn 1994?

20. Fe giciodd y Cymro David Watkins 221 gôl mewn un tymor i ba un o glybiau Rygbi'r Gynghrair?

21. Ym mha ddinas mae tîm pêl-droed Feyenoord?

22. Pa chwaraewr snwcer proffesiynol a fagwyd yn Llanfihangel-ar-arth?

23. Pa neidiwr ceffylau oedd tad Dai a Roddy Llewellyn?

24. Pa focsiwr oedd yn cael ei alw 'The Bronx Bull'?

25. Pa athletwr oedd enillydd cyntaf gwobr y BBC am Bersonoliaeth Chwaraeon y Flwyddyn yn 1954 ac oedd hefyd yn Aelod Seneddol Ceidwadol?

Atebion Chwaraeon Cyffredinol

1. Juan Manuel Fangio
2. Wilf Wooller
3. Jack Nicklaus
4. Mark Spitz
5. Nikolai Valuev
6. Lee Trevino
7. Sunil Gavaskar i'r India
8. Johnny Weissmuller
9. 1956, yn Tokyo
10. Pêl-fasged
11. Romania
12. Jimmy White
13. Bobby Jones
14. Notts County a ffurfiwyd yn 1862
15. David Gower
16. Tommy Farr
17. Efydd
18. Vijay Amritraj
19. Roland Ratzenberger
20. Salford
21. Rotterdam
22. Dominic Dale
23. Syr Harry Llewellyn
24. Jake La Motta
25. Chris Chataway

Y DEGAWDAU

1. Pwy oedd Prif Weinidog Prydain adeg Argyfwng Suez yn 1956?

2. Pa grŵp gyrhaeddodd rif un yn siartiau Prydain gyda'r un gân yn 1955 ac 1956? A beth oedd enw'r gân?

3. Pa actor a fu farw yn 1955 cyn i'w ffilm olaf *Giant* gael ei rhyddhau?

4. Ym mha flwyddyn y ganwyd Ray Gravell, Gordon Brown, Steve Fenwick, y canwr Sting, a'r comedïwr Boyd Clack, y bu farw Ivor Novello, yr agorwyd Parc Cenedlaethol Eryri, ac yr agorwyd y gweithfeydd dur ym Margam?

5. Pa brifardd a enillodd gadeiriau Eisteddfodau Cenedlaethol 1929, 1930, 1943 ac 1948 a choron 1926 ac a fu farw yn 1952 yn 71 oed?

6. Pa lyfr o gofiannau am Gymry amlwg hyd at 1940 gafodd ei gyhoeddi am y tro cyntaf yn 1953?

7. Ym mis Mai 1954 cafwyd yr arwyddion cyntaf yng Nghymru o haint oedd yn effeithio ar gwningod. Beth oedd enw'r haint?

8. Pa Gymro o Gaerdydd a gurodd Johnny Williams o'r Bermo i gymryd Pencampwriaeth Pwysau Trwm Prydain ym mis Awst 1956?

9. Beth oedd enw'r grŵp yr oedd Ron, Neville a Now yn perthyn iddo a ddechreuodd fel grŵp sgiffl yn y pum degau?

10. Pa gerddor clasurol adnabyddus o dras Gymreig a gyfansoddodd *The Lark Ascending* ac a fu farw yn Awst 1958?

11. Ym mha gyfres ar y radio ac yna ar y teledu yr oedd y prif gymeriad yn byw yn 23 Railway Cuttings, East Cheam?

12. Ym mha flwyddyn y bu farw Joseph Stalin ac y ganwyd Tony Blair?

13. 'Adfeilion' oedd testun y Goron yn Eisteddfod Llanrwst yn 1951, ond pwy enillodd?

14. Bu'r chwaraewr pêl fas Joe DiMaggio a'r dramodydd Arthur Miller yn briod â'r un fenyw yn ystod y pum degau. Beth oedd ei henw?

15. Enillodd Hugh Griffith Oscar am chwarae rhan y Sheik yn y ffilm *Ben Hur*, ond pwy oedd yn chwarae rhan Ben Hur?

16. Pa chwaraewr golff o Ffontygari ger y Rhws oedd capten tîm Prydain mewn tair cystadleuaeth Cwpan Ryder yn ystod y pum degau?

17. Pa ddrama gerdd enwog gan Rogers and Hammerstein a berfformiwyd am y tro cyntaf ar Fawrth y 29ain 1951, gyda Gertrude Lawrence a Yul Brynner yn y prif rannau?

18. Beth oedd enw'r ci cyntaf i'w anfon i'r gofod ar Dachwedd y 3ydd 1957?

19. Ym mha flwyddyn y curodd Cymru Seland Newydd ar y maes rygbi y tro diwethaf hyd yn hyn?

20. Pa wlad ar ochr orllewinol Affrica a gafodd annibyniaeth oddi wrth Brydain ar Fawrth y 6ed 1957?

21. Beth oedd enw'r tenor o Philadelphia o gefndir Eidalaidd a fu farw yn 1959 ac a gymerodd y brif ran yn y ffilm *The Great Caruso*?

22. Pwy ydw i? Roeddwn yn fabi tew â phen mawr; fe ges i drafferth siarad pan oeddwn yn blentyn; fe ffaelais yr arholiad mynediad i gael mynd i'r brifysgol; mi ges i blentyn anghyfreithlon; roeddwn yn dipyn o ferchetwr, a bûm i farw yn 1955.

23. Pa ddrama radio y dechreuwyd ei hysgrifennu yng Ngheinewydd yn y pedwar degau, ond a orffennwyd yn Efrog Newydd yn 1953, lle y'i perfformiwyd am y tro cyntaf ar Fedi'r 9fed 1953?

24. Pa dîm pêl-droed enillodd Gwpan yr FA deirgwaith yn ystod y pum degau?

25. Ym maes ffasiwn a harddwch beth oedd D.A.?

Atebion Y Pum Degau

1. Anthony Eden
2. Bill Haley and the Comets gyda 'Rock Around the Clock'
3. James Dean
4. 1951
5. Dewi Emrys
6. *Y Bywgraffiadur Cymreig*
7. Mycsomatosis
8. Joe Erskine
9. Hogia Llandegai
10. Ralph Vaughan Williams
11. *Hancock's Half Hour*
12. 1953
13. T. Glynne Davies
14. Marilyn Monroe
15. Charlton Heston
16. Dai Rees yn 1955, 1957 ac 1959 (ac eto yn 1961 ac 1967)
17. *The King and I*
18. Laika
19. 1953
20. Ghana
21. Mario Lanza
22. Albert Einstein
23. *Under Milk Wood*
24. Newcastle United
25. *Duck's Arse* – steil gwallt i ddynion a oedd yn boblogaidd yn y pum degau

1. Pa Gymro o Rydaman ganodd 'Please Don't Go' a gyrhaeddodd rif tri yn y siartiau yn 1969?

2. Ym mha flwyddyn lansiwyd BBC2?

3. Ar Ragfyr y 3ydd 1966 cafodd Barry John, Gerald Davies a Delme Thomas eu capiau cyntaf, ond yn erbyn pa wlad?

4. Pa nofel a gyhoeddwyd gan John le Carré yn 1963 a wnaed yn ffilm yn 1965 gyda Richard Burton yn y brif rhan?

5. Pwy oedd Arlywydd yr Unol Daleithiau pan basiwyd y Ddeddf Hawliau Sifil yn 1964?

6. Ym mha flwyddyn y daeth Llanelwedd yn safle parhaol y Sioe Frenhinol?

7. Ym mha gastell y cynhaliwyd Arwisgiad y Tywysog Charles yn 1969?

8. Pa raglen deledu Gymraeg boblogaidd a ddarlledwyd am y tro cyntaf yn Ebrill 1964 ac a barhaodd yn achlysurol gyda gwahanol gyflwynwyr hyd 2003?

9. Pwy briododd Priscilla Ann Wagner yn 1967?

10. Pa actores sydd yn byw ym Maldwyn enillodd Oscar am ei rhan yn y ffilm *Darling* yn 1965?

11. Pwy lofruddiodd Sharon Tate yn 1969?

12. Pa bapur newydd poblogaidd a ymddangosodd am y tro cyntaf ym mis Medi 1964?

13. Pa gylchgrawn Cymraeg a ymddangosodd am y tro cyntaf yn 1965?

14. Fe gafodd y ddrama *Saer Doliau* gan Gwenlyn Parry ei chyhoeddi yn 1966. Beth oedd enw'r saer?

15. Ym mha ddinas y trawsblannwyd calon am y tro cyntaf?

16. Yng Ngêmau Olympaidd Dinas Mecsico yn 1968 enillwyd medal aur gan Dick Fosbury, a oedd yn enwog am y dechneg Fosbury Flop, ond beth oedd ei gamp?

17. Ym mha flwyddyn ac ym mha eisteddfod yr enillodd Dic Jones y Gadair am ei awdl 'Y Cynhaeaf'?

18. Pwy gurodd Ann Jones yn rownd derfynol y merched yn Wimbledon yn 1969?

19. Am faint y parodd y rhyfel a ddechreuodd ar Fehefin y 5ed 1967 rhwng Israel a'r gwledydd Arabaidd o'i hamgylch?

20. Am ba nofel enillodd Harper Lee y Wobr Pulitzer yn 1961?

21. Ym mha flwyddyn yr adeiladwyd y Bont Hafren gyntaf?

22. Ym mha flwyddyn y sefydlwyd cwmni recordiau Sain?

23. Beth oedd enw'r rhaglen a ddechreuodd yn y chwe degau y gwelwyd y cymeriad Ifas y Tryc ynddi am y tro cyntaf?

24. Pwy ffoniodd Neil Armstrong a Buzz Aldrin wrth iddynt gerdded ar y lleuad am y tro cyntaf yn 1969?

25. Pa chwyldro ddigwyddodd yn Tsieina yn 1966?

Atebion Y Chwe Degau

1. Donald Peers
2. 1964
3. Awstralia
4. *The Spy Who Came in from the Cold*
5. Lyndon B. Johnson
6. 1963
7. Caernarfon
8. *Siôn a Siân*
9. Elvis Presley
10. Julie Christie
11. Charles Manson
12. *The Sun*
13. *Lol*
14. Ifans
15. Cape Town
16. Y Naid Uchel
17. 1966 yn Aberafan
18. Billie Jean King
19. Chwe diwrnod
20. *To Kill a Mockingbird*
21. 1966
22. 1969
23. *Stiwdio B*
24. Richard Nixon
25. Y Chwyldro Diwylliannol

Y Saith Degau

1. Ym mha flwyddyn y daeth Rhyfel Fietnam i ben?

2. Ym mha flwyddyn y bu farw Elvis Presley, Groucho Marx a Ryan Davies?

3. Beth oedd enw'r grŵp a ffurfiwyd yn 1972 gan Tecwyn Ifan, Cleif Harpwood, Iestyn Garlick a Phil Edwards?

4. Pa actor a ffrind i'r Prif Weinidog Harold Wilson a urddwyd yn farchog yn 1976 ond a fu farw cyn y seremoni?

5. Yn Ffrainc ar yr 8fed o Ebrill 1973, bu farw un o artistiaid mwyaf dylanwadol yr 20fed ganrif, pwy oedd e?

6. Sawl cap newydd a gafwyd i Gymru yn y gêm yn erbyn Ffrainc yn y Parc des Princes yn 1975?

7. Pa grŵp ganodd am y 'Car Wash' yn 1976?

8. Pryd daeth Saddam Hussein yn Arlywydd Irac a Margaret Thatcher yn Brif Weinidog Prydain?

9. Pa brifardd a anwyd yn Rhyd-ddu ac a fu farw yn y flwyddyn 1975?

10. Corff pa berfformiwr enwog gafodd ei ddwyn o'i fedd yn y Swistir yn 1978?

11. Yn 1978 ordeiniwyd John Paul II yn Bab, ond o ba wlad yr oedd yn dod yn wreiddiol?

12. Ar ba wlad yr ymosododd yr Undeb Sofietaidd yn 1979, ac y bu i'r rhyfel barhau am bron i ddeng mlynedd?

13. Pwy oedd capten Ewrop mewn dwy Bencampwriaeth Golff Ryder yn ystod y saith degau?

14. Ym mha ffilm mae'r cymeriadau Danny Zuko a Sandy Olsson?

15. Ym mha flwyddyn y bu farw'r dramodydd D. Mathew Williams? Bu farw Cynan a D. J. Williams yr un flwyddyn.

16. Beth oedd enw'r babi *test-tube* cyntaf a anwyd yn 1978?

17. Dechreuodd y gyfres deledu *Dallas* yn 1978, ond pwy oedd patriarch y teulu Ewing?

18. Ble agorodd cwmni ceir Ford ei ffatri yng Nghymru yn 1977?

19. Beth oedd enw cân gyntaf y Sex Pistols i gyrraedd siart y Deg Ucha' ym Mhrydain?

20. Enillodd *One Flew Over the Cuckoo's Nest* wobr am y ffilm orau yn 1975, ond pwy oedd awdur y nofel wreiddiol?

21. Pwy oedd awdur *Triptych*, y llyfr a enillodd y Fedal Ryddiaith yn Eisteddfod Wrecsam yn 1977?

22. Sawl dwbwl gafwyd yn yr Eisteddfod Genedlaethol yn ystod y saith degau?

23. Dechreuodd y gyfres *Starsky and Hutch* yn 1975, ond beth oedd enwau llawn y ddau dditectif?

24. Yn y ffilm *Under Milk Wood* a ffilmiwyd yn Abergwaun yn 1972 roedd yr actor David Jason yn actio un o'r cymeriadau – ond pa un?

25. Pa grŵp a ryddhaodd albwm o'r enw *Teulu Yncl Sam* yn 1975?

Atebion Y Saith Degau

1. 1975
2. 1977
3. Ac Eraill
4. Stanley Baker
5. Pablo Picasso
6. Chwech – Ray Gravell, Steve Fenwick, Graham Price, Trefor Evans, Charlie Faulkner a John Bevan
7. Rose Royce
8. 1979
9. Syr T. H. Parry-Williams
10. Charlie Chaplin
11. Gwlad Pwyl
12. Affganistan
13. Bernard Hunt
14. *Grease*
15. 1970
16. Louise Brown
17. Jock
18. Pen-y-bont ar Ogwr
19. *God Save The Queen*
20. Ken Kesey
21. R. Gerallt Jones
22. 3; Alan Llwyd yn 1973 ac 1976, a Donald Evans yn 1977 (Enillodd y dwbl dwbl eto yn 1980)
23. Dave Starsky a Ken Hutchinson
24. Nogood Boyo
25. Sidan

1. Ym mha flwyddyn y ffrwydrodd bom yn y Grand Hotel yn Brighton gan ladd pump o bobl?

2. Pwy gurwyd gan Pat Cash yn Rownd Derfynol y Dynion yn Wimbledon yn 1987?

3. Pa aelod o deulu bragu enwog a gafodd ei herwgipio yn Amsterdam yn 1983?

4. Ym mha flwyddyn yr agorwyd Neuadd Dewi Sant yng Nghaerdydd?

5. Pwy ganodd am 'Dona', 'Rebecca', a'r 'Fodan' yn 1983?

6. Cynhaliwyd Eisteddfod Abergwaun yn 1986, ond pryd cynhaliwyd yr eisteddfod yno cyn hynny?

7. Fe ryddhaodd Bando ei ail albwm yn 1982, ond beth oedd enw'r albwm?

8. Ym mha flwyddyn y bu farw'r bocsiwr Johnny Owen, y prifardd Caradog Prichard, Peter Sellers, a Steve McQueen?

9. Pa geffyl a herwgipiwyd yn 1983?

10. Beth oedd enw'r gyfres a ddechreuodd yn 1983 ac a ffilmiwyd yn Nhrefor?

11. Ym mha ddau le y cynhaliwyd cyngerdd fawr *Live Aid* i godi arian er mwyn helpu lleddfu newyn Ethiopia yn 1985?

12. Yn 1983 fe ffrwydrodd llosgfynydd uchaf Ewrop ond beth yw ei enw?

13. Bu farw Lewis Valentine yn y flwyddyn 1986. Roedd yn dad-cu i ba sylwebydd pêl-droed?

14. Ym mha flwyddyn y bu farw Richard Burton, y pianydd jazz Dill Jones, Eric Morecambe, Tommy Cooper, Leonard Rossiter a Diana Dors?

15. Yn erbyn pa dîm roedd Lerpwl yn chwarae pan ddigwyddodd y drychineb yn Stadiwm Heysel yng Ngwlad Belg yn 1985?

16. Ar ôl marwolaethau Brezhnev yn 1982, Andropov

yn 1984 a Chernenko yn 1985, daeth y Dirprwy
Gadeirydd yn arweinydd gweithredol ei wlad dair
gwaith. Pwy oedd e?

17. Daeth y papur punt i ben yn y flwyddyn 1984. Beth
oedd prif liw y papur?

18. Bu awdur y ddrama *Ac Eto Nid Myfi* farw yn 1988.
Beth oedd ei enw?

19. Ym mha flwyddyn daeth streic y glowyr i ben?

20. Cafodd David Bishop o Bont-y-pŵl ei gap cyntaf
dros Gymru yn erbyn Awstralia yn 1984, ond sawl
cap a gafodd i gyd?

21. Ym mha flwyddyn y gwelwyd yr eira gwaethaf yng
Nghymru er 1947 ac y cafwyd eira mawr ar lan y
môr yn Aberystwyth, hyd yn oed?

22. Roedd y 'Gang o Bedwar' a sefydlodd yr SDP yn
1981 yn cynnwys Roy Jenkins, Shirley Williams,
David Owen a phwy arall?

23. Pwy oedd cyfarwyddwr *Milwr Bychan* y ffilm a
ryddhawyd yn 1987?

24. Yn 1984 fe ryddhaodd y grŵp Mabsant ei record hir
Gŵyl y Mabsant. Pwy oedd y brif gantores?

25. Ym mha dref yn Lloegr y collodd Michael Ryan ei
toyll a lladd 14 o bobl cyn ei ladd ei hun yn 1987?

Atebion Yr Wyth Degau

1. 1984
2. Ivan Lendl
3. Alfred neu Freddy Heineken
4. 1983
5. Louis a'r Rocyrs
6. 1936
7. *Shampŵ*
8. 1980
9. Shergar
10. *Minafon*
11. Stadiwm Wembly, Llundain a Stadiwm John F. Kennedy, Philadelphia
12. Llosyfynnydd Etna
13. Ian Gwyn Hughes
14. 1984
15. Juventus
16. Vasili Kuznetsov
17. Gwyrdd
18. John Gwilym Jones
19. 1985
20. Un
21. 1982
22. Bill Rodgers
23. Karl Francis
24. Siwsann George
25. Hungerford

1. Beth oedd teitl y nofel gan Angharad Jones a enillodd y Fedal Ryddiaith yn Eisteddfod Abergele yn 1995?

2. Pwy oedd sgorwyr y goliau pan gurodd Wrecsam dîm Arsenal ym mhencampwriaeth Cwpan yr FA yn 1992?

3. Pa gyfrol bwysig i Gymru a gyhoeddwyd ar Ddydd Gŵyl Dewi 1990?

4. Pwy oedd yn chwarae'r brif ran yn y ffilm *Dafydd* a gyfarwyddwyd gan Ceri Sherlock yn 1993?

5. Ym mis Medi 1992 bu farw'r baritôn o Gilfynydd, Syr Geraint Evans, ond ym mha dref arfordirol oedd ei gartref ar ôl ymddeol?

6. Beth oedd enw'r dyn a gafodd ei ladd gan ffagl ym Mharc yr Arfau ar noson gêm bêl-droed Cymru yn erbyn Romania yn 1993?

7. Yn 27 oed, pwy oedd yr aelod ieuengaf oll o Senedd Ewrop pan gafodd ei hethol dros orllewin a chanolbarth Cymru yn 1994?

8. Beth oedd enw prif ganwr y Manic Street Preachers, a ddiflannodd ar Chwefror y 1af 1995?

9. Ym mha flwyddyn y bu farw'r gwleidydd George Thomas, a'r actorion James Stewart a Robert Mitchum?

10. Pryd ymddeolodd Nelson Mandela fel Arlywydd De Affrica?

11. Beth oedd oedran y gofodwr John Glenn pan aeth i'r gofod yn 1998?

12. Beth oedd enw'r ddafad a gafodd ei chlonio yn 1997?

13. Beth oedd enw'r gwarchodwr o Gymru a oroesodd y ddamwain ym Mharis yn 1997 a laddodd Diana, Dodi a Henri Paul?

14. Pwy ddaeth yn Arlywydd Gwlad Pwyl yn 1990?

15. Teitl gwreiddiol pa ffilm o Gymru a ryddhawyd yn 1997 oedd *Pretty Shitty City*?

16. Mark Taylor o Gymru oedd y chwaraewr cyntaf i sgorio cais yn Stadiwm y Mileniwm yn 1999, ond pwy oedd y gwrthwynebwyr?

17. Beth oedd enw'r gofodwr cyntaf o dras Gymreig i fynd i'r gofod yn 1994?

18. Pryd agorwyd yr ail Bont Hafren?

19. Enillodd Anthony Hopkins yr Oscar am ei ran yn y ffilm *The Silence of the Lambs* yn 1991. Pa win oedd dewis Hannibal Lecter i'w yfed gydag afu dynol a ffa *fava*?

20. Beth oedd enw'r nofel yr enillodd Roddy Doyle Wobr Booker amdani yn 1993?

21. Pryd cafodd Ryan Giggs ei gap cyntaf dros Gymru?

22. Pwy yw golygyddion *Y Faner Newydd*, a sefydlwyd yn 1997?

23. Bu farw'r actor Oliver Reed wrth wneud y ffilm *Gladiator* yn 1999, ond pa actor o Gymru oedd yn yr olygfa ddiwetha gydag e?

24. Pwy oedd y 'Butcher of Lyon' a fu farw yn 1991?

25. Roedd W. R. P. George yn Archdderwydd rhwng 1990 ac 1993, ond beth oedd ei enw gorseddol?

Atebion Y Naw Degau

1. *Aml Gnoc*
2. Mickey Thomas a Steve Watkin
3. *Hanes Cymru* gan John Davies
4. Richard Harrington
5. Aberaeron
6. John Hill
7. Eluned Morgan
8. Richey James
9. 1997
10. 1999
11. 77 oed
12. Dolly
13. Trevor Rees-Jones
14. Lech Wałęsa
15. *Twin Town*
16. De Affrica
17. Joe Tanner
18. 1996
19. Chianti
20. *Paddy Clarke Ha Ha Ha*
21. 1991
22. Emyr Llywelyn ac Ieuan Wyn
23. Nic McGaughey
24. Klaus Barbie
25. Ap Llysor

CYMRU

1. Pwy enillodd Gadair Eisteddfod Aberpennar yn 1946 am ei awdl 'Moliant i'r Amaethwr'?

2. Pwy oedd Archdderwydd Gorsedd y Beirdd rhwng 1906 ac 1923? Mae gan ei enw gysylltiad ag un o'r hen siroedd.

3. Ym mha bentref y cynhaliwyd Eisteddfodau 1945 ac 1961?

4. Enillwyd Medal Ryddiaith Eisteddfod Abergwaun 1986 gan Ray Evans am lyfr ag enw amffibiad yn deitl iddo. Beth oedd y teitl?

5. Yn Eisteddfod Aberteifi 1976, enillwyd y Gadair gan Dic Jones, ond am fod un o reolau'r Eisteddfod wedi ei thorri, dyfarnwyd y wobr i Alan Llwyd. Beth oedd testun yr awdl?

6. Er 1880, sawl gwaith y cynhaliwyd yr Eisteddfod Genedlaethol y tu allan i Gymru?

7. Rhwng 1880 a 2011, sawl coron sydd wedi cael ei chipio gan ferched?

8. Beth oedd mor arbennig am Eisteddfod Genedlaethol 1940?

9. Pwy oedd enillydd cyntaf Gwobr Richard Burton yn 1990?

10. Pa actor ac un o gyn-drigolion Cwmderi enillodd y Rhuban Glas yn Eisteddfod Genedlaethol Blaenau Gwent a Blaenau'r Cymoedd yn 2010?

11. Ym mha Eisteddfod y sefydlwyd y Rheol Gymraeg?

12. Ym mha flwyddyn y gwerthwyd alcohol ar Faes yr Eisteddfod am y tro cynta'?

13. Pa Archdderwydd enillodd Wobr Llwyd o'r Bryn yn Eisteddfod Aberafan yn 1966?

14. Pa gyn-bêl-droediwr rhyngwladol enillodd dlws Dysgwr y Flwyddyn yn 1996?

15. Ar ba fryn y cynhaliwyd seremoni gyntaf yr Orsedd ar Fehefin yr 21ain 1792?

16. Beth oedd mor arbennig am Archdderwyddiaeth Robin Llŷn neu Robyn Léwis?

17. Beth oedd mor arbennig am y tair blynedd cyntaf ar ôl sefydlu Gwobr Daniel Owen yn 1981?

18. Pwy oedd Arwyddfardd yr Orsedd rhwng 1966 ac 1996?

19. Awdl fuddugol Eisteddfod 1912 oedd 'Y Mynydd' ac awdl fuddugol Eisteddfod 1915 oedd 'Eryri', ond pwy oedd y bardd?

20. Cyn 2011, pryd oedd y tro diwethaf i'r Eisteddfod ymweld â Wrecsam?

21. Pa ffaith sy'n gyffredin rhwng y prifeirdd Twm Morys, Ifor ap Glyn a Ceri Wyn Jones?

22. Yn 1899 fe gynlluniodd yr Athro Hubert von Herkomer rywbeth sy'n cael ei ddefnyddio hyd heddiw mewn seremonïau gorseddol. Beth yw e?

23. Ble cynhaliwyd yr Eisteddfod gyntaf y gwyddom amdani yn 1176?

24. Pa wleidydd enwog draddododd araith yn Eisteddfod Glynebwy 1958 a thorri'r rheol Gymraeg gan ddweud nad oedd ei rieni wedi pasio'r iaith ymlaen iddo ef?

25. 'Y gwir yn erbyn y byd, a oes heddwch? / Calon wrth galon, a oes heddwch?' Beth sy'n dilyn?

Atebion Eisteddfod 1

1. Geraint Bowen
2. Dyfed
3. Rhoslannerchrugog
4. Y Llyffant
5. Y Gwanwyn
6. Chwe gwaith
7. Naw coron gan wyth merch, sef Morfudd Eryri (cerdd Saesneg), Dilys Cadwaladr, Eluned Phillips ddwywaith, Einir Jones, Mererid Hopwood, Christine James, Eigra Lewis Roberts a Glenys Mair Roberts
8. Eisteddfod radio oedd hi
9. Daniel Evans
10. Huw Euron
11. Eisteddfod Caerffili 1950
12. 2004
13. T. James Jones
14. Mark Aizlewood
15. Bryn y Briallu (Primrose Hill), Llundain
16. Fe oedd yr Archdderwydd cynta' i gael ei wneud yn Archdderwydd ar ôl ennill y Fedal Ryddiaith.
17. Doedd neb yn deilwng yn 1981, 1982, 1983
18. Dilwyn Miles neu 'Dilwyn Cemais'
19. Syr T. H. Parry-Williams
20. 1977
21. Cawson nhw i gyd eu geni yn Lloegr
22. Cleddyf yr Orsedd
23. Aberteifi
24. Aneurin Bevan
25. 'Gwaedd uwch adwaedd, a oes heddwch?'

1. Pa actor adnabyddus o Gymru enillodd Wobr Llwyd o'r Bryn ddwy flynedd yn olynol yn ystod chwe degau'r ganrif ddiwethaf?

2. Pa faswr byd-enwog fu'n ymweld ag Eisteddfod Genedlaethol Glynebwy yn 1958?

3. Pa ŵr a gwraig oedd awduron *Hanes Gorsedd y Beirdd* a gyhoeddwyd yn 1991?

4. Pa Brif Lenor yn Eisteddfod Genedlaethol Llanrwst yn 1951 a safodd fel ymgeisydd Plaid Cymru yn is-etholiad Trefaldwyn yn 1962?

5. Awdl fuddugol Eisteddfod 1926 oedd 'Y Mynach' ac awdl fuddugol Eisteddfod 1931 oedd 'Breuddwyd y Bardd', ond pwy oedd y bardd?

6. Beth oedd testun pryddest fuddugol T. James Jones yn Eisteddfod Genedlaethol fwdlyd Abergwaun yn 1986?

7. Ym mha dref yn y canolbarth y cynhaliwyd yr Eisteddfod yn 1937 ac 1981?

8. Pa actor enwog gafodd ei urddo i'r Wisg Wen yn Eisteddfod Tyddewi yn 2002?

9. Beth oedd enw gorseddol Ceidwad y Cledd, Ray Gravell?

10. Beth oedd ffugenw Hedd Wyn pan enillodd y Gadair yn 1917?

11. Yn lle y cafodd Iolo Morganwg ei eni a'i fagu?

12. Beth oedd enw cân enwog y grŵp pop Y Blew a gafodd ei rhyddhau yn 1967?

13. Pwy oedd y person cyntaf i gusanu Archdderwydd mewn seremoni?

14. Pwy chwaraeodd ran Nia Ben Aur yn yr Opera Roc o'r un enw a berfformiwyd am y tro cyntaf yn Eisteddfod Genedlaethol Caerfyrddin yn 1974?

15. Ym mha dref lan môr y cynhaliwyd yr Eisteddfod yn 1985?

16. Mererid Hopwood, Tom Parri Jones a phwy arall

yw'r unig rai i ennill y Fedal Ryddiaith, y Goron a'r Gadair yn yr Eisteddfod Genedlaethol?

17. Beth oedd enw'r Babell Roc yn Eisteddfod Abergwaun yn 1986?

18. Pa ffigwr amlwg o'r byd rygbi draddododd araith gofiadwy o lwyfan y Genedlaethol yn Hwlffordd yn 1972?

19. Beth yw'r enw swyddogol ar gystadleuaeth y Rhuban Glas?

20. Er1880 sawl gwaith na chafodd Eisteddfod ei chynnal?

21. Pwy enillodd dair coron yn olynol rhwng 1927 ac 1929?

22. Pwy oedd enillydd Gwobr Daniel Owen yn Eisteddfod Wrecsam 2011?

23. Ar wahân i John Gwilym Jones, T. James Jones ac Aled Gwyn, Euros a Geraint Bowen, a Gerallt a Geraint Lloyd Owen, pa ddau frawd arall sydd wedi ennill un o'r prif wobrau yn yr Eisteddfod?

24. Pwy oedd golygydd cyntaf *Y Cymro* a enillodd y Gadair yn Eisteddfod 1947 a'r Goron yn 1949, ac a safodd dros y Blaid Geidwadol yn Ynys Môn yn Etholiad 1970?

25. Pwy oedd y 'dysgwr' cyntaf i ennill y Gadair?

Atebion Eisteddfod 2

1. Stewart Jones
2. Paul Robeson
3. Geraint a Zonia Bowen
4. Islwyn Ffowc Elis
5. Gwenallt
6. 'Llwch'
7. Machynlleth
8. Ioan Gruffudd
9. Ray o'r Mynydd
10. *Fleur de Lys*
11. Ganwyd ef ym Mhen-onn ger Llancarfan ond fe'i magwyd yn Nhrefflemin
12. 'Maes B'
13. Mererid Hopwood
14. Heather Jones
15. Y Rhyl
16. Gwilym R. Jones
17. Parti Barti
18. Carwyn James
19. Gwobr Goffa David Ellis
20. Unwaith, yn 1914
21. Caradog Prichard
22. Daniel Davies
23. Einion a Tudor Wilson Evans. Enillodd Einion y Gadair ac enillodd Tudor Wilson Evans y Fedal Ryddiaith yn Eisteddfod Genedlaethol Môn yn 1983.
24. John Tudor Jones neu 'John Eilian'
25. Robat Powell

1. Pwy oedd enillydd cyntaf *Cân i Gymru* a ganodd am 'Y Cwilt Cymreig' yn 1969?

2. Beth yw enw'r gantores a anwyd yn Llydaw ond a fagwyd yng Nghymru, gan fynychu Ysgol Gyfun Rhydfelen, ond sydd erbyn hyn yn gantores sy'n perfformio'n aml yn Efrog Newydd a Dulyn?

3. Pwy ganodd am Dafydd ap Gwilym yn *Cân i Gymru* 1977?

4. Pwy ganodd am y 'Funky Brenin Disgo'?

5. O ba gwm yr oedd Y Trwynau Coch yn dod?

6. Fel pwy yr adnabyddwyd Delwyn Siôn, Geraint Davies, Len Jones, Bev Jones, Graham Land a Gorwel Owen yn well?

7. Record gan ba artist oedd *Dawnsionara* a ryddhawyd yn 1981?

8. Pa actor o *Pobol y Cwm* fu'n canu gyda'r band Chwarter i Un?

9. Pwy gyfansoddodd y gân 'Dwylo Dros y Môr' yn 1985?

10. Pwy ganodd am Madog y Morwr yn 1984?

11. Beth oedd teitl record hir y grŵp Beca yn 1978?

12. Pwy oedd yn 'Rhedeg i Baris'?

13. Ar wahân i Gareth Potter, pwy oedd aelod arall Tŷ Gwydr?

14. Pwy ganodd 'Nid Llwynog oedd yr Haul', y gân a enillodd *Cân i Gymru* yn 1982?

15. Albwm pwy yw *Sawl Ffordd Allan*?

16. Ym mha dref roedd Canolfan Tanybont?

17. Pa brifardd fu'n aelod o fand Steve Eaves a'i Driawd?

18. Ym mha dref y cafodd Geraint Jarman ei eni?

19. Yn 1980 newidiodd y grŵp Hebog ei enw i beth?

20. Beth oedd enw'r sengl gyntaf a ryddhawyd gan Sain yn 1969?

21. Ymhle roedd Pat, Elsi, Janet a Glen yn gweithio?

22. Pwy oedd prif ganwr Ffa Coffi Pawb?

23. Beth oedd enw'r band y bu Tecwyn Ifan a'i frawd Euros Rhys Evans yn aelodau ohono rhwng 1969 ac 1972?

24. Band a ffurfiwyd ym mha ysgol oedd Ail Gyfnod?

25. I beth y newidiodd y grŵp Berganifs ei enw?

Atebion Cerddoriaeth Gymraeg

1. Margaret Williams
2. Katell Keineg
3. Cawl Sefin
4. Diffiniad
5. Cwm Tawe
6. Y grŵp pop, Omega
7. Endaf Emlyn
8. Gwyn Elfyn
9. Huw Chiswell
10. Treiglad Pherffaith
11. *Mynd i Arall Fyd*
12. Yr Anrhefn
13. Mark Lugg
14. Caryl Parry Jones a Bando
15. Al Lewis Band
16. Caernarfon
17. Iwan Llwyd
18. Dinbych
19. Angylion Stanli
20. *Dŵr* gan Huw Jones
21. Caffi Gaerwen
22. Gruff Rhys
23. Perlau Taf
24. Rhydfelen
25. Big Leaves

1. Pa brifardd o Lanrhystud fu'n athro yn Llanbadarn a'r Barri ac a enillodd Goron yr Eisteddfod yn 1937, 1941 ac 1944?

2. Beth oedd enw'r llygoden a grëwyd gan Mary Vaughan Jones?

3. Pa feirniad, darlithydd, hanesydd, bardd a phrifathro coleg gafodd ei eni yng Nghefnbrynbrain yn Sir Gaerfyrddin?

4. Pwy oedd awdur *Pryfeta*, a enillodd Wobr Daniel Owen yn Eisteddfod 2008?

5. Pwy bortreadodd Martha yn y ffilm a addaswyd o'r nofel *Martha, Jac a Sianco* gan Caryl Lewis?

6. Nofel gyntaf Saesneg pa awdur oedd *Twenty Thousand Saints*?

7. Am ba ryfel roedd Jerry Hunter yn ysgrifennu amdani yn y llyfr *Llwch Cenhedloedd*?

8. Beth oedd enw'r awdur plant a'r darlithydd o Lanfair Clydogau a ysgrifennodd yn y saith degau dros 70 o lyfrau ar gyfer plant ac un ar gyfer oedolion o'r enw *Ar y Rhiniog*?

9. Nofel gyntaf pa awdures oedd *Brynhyfryd*, a gyhoeddwyd yn 1959?

10. Pa lyfr pwysig a luniwyd ar y cyd gan W. O. Thomas a H. Meurig Evans ac a gyhoeddwyd gyntaf yn 1958?

11. Pa wyddonydd o Gellan ger Llanbedr Pont Steffan a ysgrifennodd y ddrama *Lluest y Bwci*?

12. Beth oedd nofel gyntaf T. Rowland Hughes?

13. Pwy oedd awdur y cywydd 'Rhos Helyg'?

14. Pa ddirprwy brifathrawes yn Ysgol Bro Myrddin oedd yn awdures y nofelau *Wyth Esgid Ddu*, *Dwy Chwaer*, *Adar o'r Unlliw* a *Carchar Hyfryd*?

15. O ba bentre yr oedd y bardd I. D. Hooson yn dod yn wreiddiol?

16. Pa fab i wleidydd Rhyddfrydol a ysgrifennodd chwe chyfrol yn y gyfres *Crwydro Cymru* rhwng 1953 ac 1959 ynghyd â chofiant dwy gyfrol am ei dad?

17. Pwy oedd awdur *Ffenestri Tua'r Gwyll* a *Blas y Cynfyd*?

18. Cyfrol gyntaf pa fardd, ysgolhaig, nofelydd a beirniad o Gaerdydd oedd *Y Gân Gyntaf* a gyhoeddwyd yn 1957?

19. Fe ddyfarnwyd y dilyniant o gerddi 'Cerddi Ianws' yn deilwng o Goron yr Eisteddfod Genedlaethol yn 1979 ond ni wobrwywyd yr enillwyr oherwydd bod dau fardd wedi cyd-ysgrifennu'r cerddi. T. James Jones oedd un ohonynt, ond pwy oedd y llall?

20. Beth oedd enw'r llyfr am helyntion y cyfieithydd John Elwyn Jones yn ceisio dianc o garchar rhyfel yn Boulogne?

21. Beth oedd teitl y gyfrol yr enillodd Dafydd Ifans y Fedal Ryddiaith gyda hi yn 1974?

22. Ym mha bentref yn Sir Gaerfyrddin y ganwyd D. J. Williams?

23. Pa Archdderwydd oedd un o'r prif awdurdodau ar y Wladfa Gymreig ym Mhatagonia am mai yno y cafodd ei fagu?

24. Beth oedd mor arbennig, yn ôl pob sôn, am y llyfr *Yny lhyvyr hwnn* a gyhoeddwyd yn 1546?

25. Pa bapur newydd wythnosol a gyhoeddwyd am y tro cyntaf yn 1932?

Atebion Llenyddiaeth Gymraeg

1. J. M. Edwards
2. Tomos Caradog
3. Derec Llwyd Morgan
4. Tony Bianchi
5. Sharon Morgan
6. Fflur Dafydd
7. Rhyfel Cartref America
8. Aneurin Jenkins-Jones
9. Eigra Lewis Roberts
10. *Y Geiriadur Mawr*
11. D. Mathew Williams neu ei ffugenw Ieuan Griffiths
12. *O Law i Law*
13. B. T. Hopkins
14. Beti Hughes
15. Rhosllannerchrugog
16. T. I. Ellis
17. Islwyn Ffowc Elis
18. Bobi Jones
19. Jon Dressel
20. *Pum Cynnig i Gymro*
21. *Eira Gwyn yn Salmon*
22. Rhydcymerau
23. R. Bryn Williams neu Bryn
24. Y llyfr cynta' i gael ei gyhoeddi yn yr iaith Gymraeg
25. *Y Cymro*

1. Pwy adeiladodd Gastell y Bere ger Llanfihangel-y-Pennant oddeutu 1221?

2. Ym mha flwyddyn y cynhaliwyd Eisteddfod yr Urdd am y tro cynta', a hynny yng Nghorwen?

3. Â pha dre' yn yr Eidal y cysylltir teulu'r Bracchis a ddaeth i Gymru ar ddiwedd y bedwaredd ganrif ar bymtheg?

4. Ar ôl y refferendwm ar gau tafarnau ar y Sul yn 1989, pa ardal yng Nghymru oedd yr unig ardal sych?

5. Ym mha wlad y ganwyd yr arlunydd Syr Frank Brangwyn?

6. Pa athronydd oedd yn anfon telegramau at Kruschev a Kennedy o Swyddfa Bost Penrhyndeudraeth adeg Argyfwng Taflegrau Cuba yn 1962?

7. Pa stori yw'r gynta' o Bedair Cainc y Mabinogi?

8. Ym mha bentre' y magwyd David Lloyd George?

9. Beth oedd enw'r hanesydd a oedd yn awdur toreithiog ar bopeth yn ymwneud â hanes Cymru, ac a fu'n Athro ym Mhrifysgol Abertawe rhwng 1957 ac 1982?

10. Pa Siartydd a anwyd yn nhafarn y Royal Oak yng Nghasnewydd?

11. Ar ba ynys ym Môr y De y bu'r cenhadwr John Davies yn cenhadu'n ddi-dor am dros hanner can mlynedd ar ddechrau'r bedwaredd ganrif ar bymtheg?

12. Pa neges a anfonwyd gan y Parch. Gwilym Davies am y tro cynta' yn 1922?

13. Ymhle yng Nghymru yr oedd Gwersyll Island Farm, lle cadwyd dros 2,000 o garcharorion rhyfel yn 1944?

14. Beth oedd enw'r ferch o Lanfihangel-ar-arth a fu'n ymprydio, yn ôl ei rhieni, am ddwy flynedd gyfan?

15. Beth oedd enw'r barnwr gwaedlyd oedd yn enedigol

o Waenyterfyn ger Wrecsam?

16. Sawl chwaraewr o Gymru oedd ar daith lwyddiannus y Llewod i Seland Newydd yn 1971?

17. Pa gerflunydd o Gaerdydd oedd yn gyfrifol am y cerflun o Owain Glyndŵr sydd i'w weld yn Neuadd y Ddinas?

18. Beth oedd enw'r 24ain Catrawd y bu Saunders Lewis yn ymladd gyda hi yn ystod y Rhyfel Byd Cyntaf?

19. Pwy oedd yn byw yn y Boat House yn Nhalacharn?

20. Beth oedd enw gwraig Aneurin Bevan?

21. Pa brifardd dreuliodd ddwy flynedd o garchar yn Wormwood Scrubs a Dartmoor am iddo wrthod cyflawni gwasanaeth milwrol yn 1917?

22. Beth oedd enw'r ffilm lafar Gymraeg gynta' a ddangoswyd am y tro cynta' yn 1935?

23. Beth oedd enw'r cylchgrawn Cymraeg a ddechreuwyd yn Cairo yn ystod yr Ail Ryfel Byd, ac a olygwyd gan T. Elwyn Griffiths o Landybïe, ac a barodd am ddwy flynedd?

24. Pa wasg a sefydlwyd gan y chwiorydd Davies yn 1923?

25. Pa ffigwr gwleidyddol a chyn garcharor amlwg ymwelodd â Chymru ym Mehefin 1998?

Atebion Hanes Cymru

1. Llywelyn Fawr
2. 1929
3. Bardi
4. Dwyfor
5. Gwlad Belg
6. Bertrand Russell
7. Pwyll Pendefig Dyfed
8. Llanystumdwy
9. Syr Glanmor Williams
10. John Frost
11. Tahiti
12. Neges Ewyllys Da
13. Pen-y-bont ar Ogwr
14. Sarah Jacob
15. Y Barnwr George Jeffreys (Judge Jeffreys)
16. 14 chwaraewr
17. Goscombe John
18. Cyffinwyr De Cymru (South Wales Borderers)
19. Dylan Thomas
20. Jennie Lee
21. Gwenallt
22. Y Chwarelwr
23. Seren y Dwyrain
24. Gwasg Gregynog
25. Nelson Mandela

1. Fe'm ganwyd yn Nowlais yn 1925 a bûm i'n ddarlithydd ym mhrifysgolion Aberystwyth, Caerefrog a Chaerdydd. Roeddwn yn siaradwr Cymraeg yn genedlaetholwr ac yn sosialydd. Pwy ydw i?

2. Fe'm ganwyd yn Hammersmith yn 1972, ond fe'm magwyd yn Nhrecelyn. Mae fy mam Jackie yn Gymraes ac mae fy nhad yn Eidalwr. Pwy ydw i?

3. Fe'm ganwyd yn Hwlffordd ac fe ddechreuais siarad Cymraeg yn saith oed cyn tyfu i fyny i fod yn heddychwr, yn Grynwr, yn genedlaetholwr ac yn fardd. Pwy ydw i?

4. Fe'm ganwyd yn Nowlais yn 1925. Dechreuais fy musnes byd-enwog ar fwrdd y gegin gan ddefnyddio sgrîn sidan fy ngŵr yn Pimlico. Enw gwreiddiol y cwmni oedd Ashley Mountney. Pwy ydw i?

5. Roedd fy nhad yn dod o Nigeria a'm mam o Swydd Efrog. Gwaharddwyd fy record gyntaf gan y BBC yn 1956. Ond cefais lawer o lwyddiant ym Mhrydain a'r Unol Daleithiau yn y chwe degau, yn cynnwys canu caneuon mewn ffilmiau. Pwy ydw i?

6. Tal-y-bont, Ceredigion oedd fy man geni yn fab i ffarmwr, fe briodais i mewn i deulu Gwasg Gomer a bûm yn Aelod Seneddol am 42 o flynyddoedd yn yr un etholaeth cyn ymddeol yn 2001. Pwy ydw i?

7. Bûm yn chwarae mewn band Cymraeg o amgylch Ewrop rhwng 1980 ac 1994, cyn gweithio i gwmni recordiau Cymraeg ac arwyddo'r band Catatonia. Pwy ydw i?

8. Fe'm ganwyd yn y Rhyl yn 1926 ond fe'm magwyd yn Basingstoke, cyn i mi briodi, fy enw morwynol oedd Neilson. Bûm farw yn 28 oed ac fe'm claddwyd yn wreiddiol mewn bedd heb garreg yng Ngharchar Holloway. Pwy ydw i?

9. Fe welais olau dydd am y tro cyntaf ym Mhen-y-bont ar Ogwr yn 1971. Dwi'n siaradwr Cymraeg ac fe ges i fy nghap cyntaf pan o'n i'n ugain oed. Bûm ar dair taith gyda'r Llewod. Erbyn hyn dwi'n hoffi teithio a gwrando ar jazz. Pwy ydw i?

10. Fe'm magwyd yn y Ffôr ger Caernarfon ac yn ystod y pedwar degau bûm yn byw ac yn gweithio fel athrawes ar Ynys Enlli cyn mynd i Lundain i weithio a dod yn dipyn o ffrindiau â Dewi Emrys. Yn nes ymlaen, priodais â Leo Scheltinga o'r Iseldiroedd ac yn 1953 derbyniais wobr am fy ngwaith barddonol. Pwy ydw i?

11. Fe'm ganwyd yn y Llain yn Llwynpiod yng Ngheredigion. Ymgartrefais yng Nghwm Rhondda a bûm yn athro Cymraeg mewn gwahanol ysgolion yn y cymoedd. Roeddwn yn fardd a dramodydd a sefais dros Blaid Cymru yn y Rhondda sawl tro ac roeddwn yn dad i dair o ferched. Pwy ydw i?

12. Fe'm ganwyd yn Llandudno yn 1958. Deuthum yn enwog fel pêl-droediwr. Cysylltir fi ag un tîm yn arbennig. Fe ymddeolais yn 44 oed pan o'n i'n chwarae dros Dagenham a Redbridge. Pwy ydw i?

13. Fe'm ganwyd yn Abertawe yn 1967. Mynychais Ysgol Gyfun Brynteg ym Mhen-y-bont ar Ogwr a Phrifysgol Aberystwyth cyn hyfforddi fel bargyfreithiwr, ond nid dyna fy swydd bellach. Mae gen i gysylltiadau clòs â Brynaman. Pwy ydw i?

14. Dwi wedi cyhoeddi dwy gyfrol o hunangofiant o dan y teitlau *Private Places* a *Public Places*. Bûm yn gweithio i'r BBC am flynyddoedd fel cyhoeddwr rhwng rhaglenni cyn dechrau actio a bûm yn rhan o gast *Brad* ar y radio gyda Burton, Clifford Evans, Meredith Edwards ac Emlyn Williams. Pwy ydw i?

15. Roeddwn i'n weinidog gyda'r Bedyddwyr. Wedi gweld erchyllterau'r Rhyfel Byd Cyntaf, fe drois yn heddychwr. Roeddwn i'n genedlaetholwr ac yn 1936 fe es i'r carchar. Pwy ydw i?

16. Trebannws oedd fy nghartref. Addysg oedd fy mhrif faes a bûm yn brifathrawes yng Nglyn-nedd a Phontardawe ond roeddwn i'n hoffi actio hefyd. Ymddangosais yn y ffilm *Bus to Bosworth* gyda Kenneth Griffith. Pwy ydw i?

17. Yn wreiddiol o Flaen-y-coed, roeddwn yn brifardd, yn Archdderwydd, yn weinidog gyda'r Annibynwyr yn Lloegr a Chymru ac yn awdur nifer o emynau. Pwy ydw i?

18. Enw mam oedd Clara, a Davies oedd cyfenw'r teulu. Roeddwn yn llwyddiannus yn yr Eisteddfod Genedlaethol fel canwr ond symudais i Lundain lle y deuthum yn enwog ym myd y theatr. Bûm yn byw uwchben Theatr y Strand am weddill fy mywyd. Pwy ydw i?

19. Dwi'n fab i *tobacconist* a *hairdresser* o Aberdâr, yn gefnder i Max Boyce, ac yn hoffi canu a chyfansoddi. Pwy ydw i?

20. Fe'm magwyd ar fferm yn Llanwnnen ger Llanbed ac mae gen i radd MSc o Brifysgol Aberystwyth mewn Economeg Wledig. Yn 2009 enillais Wobr Pencampwr Ffermio Prydain yn y *Farmer's Weekly* a dwi'n hoffi canu eitha' tipyn. Pwy ydw i?

21. Rydw i'n nofelydd, yn fardd ac yn ysgolhaig a anwyd yn Aberdâr. Roeddwn yn arfer ennill fy nhamaid fel caligraffydd cyn troi yn ddarlithydd. Fy hoff fardd yw Waldo Williams. Pwy ydw i?

22. Fe raddiais mewn Cerddoriaeth o Brifysgol Hull a bûm yn arweinydd ar gôr byd-enwog rhwng 1979 a 2005. Pwy ydw i?

23. Fe'm ganwyd yng Nghoedcanlas yn Sir Benfro, sy'n rhan o Little England beyond Wales. Roeddwn yn beilot yn ystod yr Ail Ryfel Byd ac ar ôl gadael y Llu Awyr cefais lwyddiant fel joci, ond ar ôl ymddeol sgwennais dros 40 *bestseller*. Bûm farw ar Ynysoedd Cayman yn 2010. Pwy ydw i?

24. Rydw i'n chwaraewr rygbi rhyngwladol dros Cymru ac yn chwarae i'r Scarlets, fe'm haddysgwyd yn Ysgol Gyfun Bro Myrddin a Phrifysgol Caerdydd. Rydw i'n chwe throedfedd ac un fodfedd o daldra, ac wedi chwarae i dimoedd Athletic Caerfyrddin a Llandeilo. Pwy ydw i?

25. Rydw i'n gantores a cherddor. Dechreuais ganu'r piano yn chwech oed, y ffidil yn wyth oed a'r delyn yn un ar ddeg oed. Mae gen i'r un enw ag Aelod Seneddol o dde Cymru, a dwi'n byw yng nghanolbarth Cymru. Pwy ydw i?

Atebion Pwy ydw i?

1. Gwyn Alf Williams
2. Joe Calzaghe
3. Waldo Williams
4. Laura Ashley
5. Shirley Bassey
6. Yr Arglwydd Morris o Aberafan, John Morris
7. Rhys Mwyn
8. Ruth Ellis
9. Scott Gibbs
10. Dilys Cadwaladr
11. James Kitchener Davies
12. Neville Southall
13. Carwyn Jones
14. Siân Phillips
15. Lewis Valentine
16. Harriet Lewis
17. Howell Elvet Lewis (Elfed)
18. Ivor Novello
19. Delwyn Siôn
20. Elin Jones AC
21. Mihangel Morgan
22. Alwyn Humphreys
23. Dick Francis
24. Rhys Priestland
25. Siân James